栄東高等学校

SAKAE HIGASHI SENIOR HIGH SCHOOL

SCHOOL GUIDE

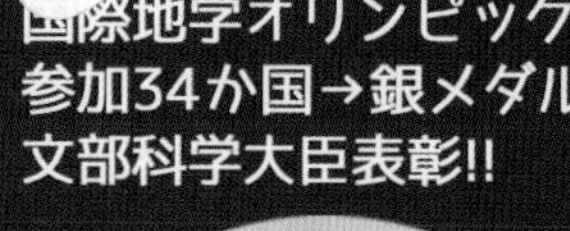

全国学生美術展 最高位賞!!

国際地学オリンピック
参加34か国→銀メダル
文部科学大臣表彰!!

最年少!! 15歳
行政書士試験合格

全国鉄道模型コンテスト
理事長特別賞!!

東京オリンピック第４位!!
アーティスティック スイミング

チアダンス
東日本大会優勝!!

栄東のクイズ王
東大王 全国大会 日本一!!

産経国際書展 U23大賞!!

栄東の誇るサメ博士
サンシャインでトークショー

〒337-0054 埼玉県さいたま市見沼区砂町2-77（JR東大宮駅西口 徒歩８分）
◆アドミッションセンター TEL：048-666-9288 FAX：048-652-5811

CONTENTS

Success15 12

https://success.waseda-ac.net/

サクセス15
December 2022

Regulars

Special School Selection

千葉県　千葉市　共学校

渋谷教育学園幕張高等学校

School data

所在地：千葉県千葉市美浜区若葉1-3
アクセス：JR京葉線「海浜幕張駅」徒歩10分、京成線「京成幕張駅」徒歩14分、JR総武線「幕張駅」徒歩16分
生徒数：男子713名、女子361名
ＴＥＬ：043-271-1221
ＵＲＬ：https://www.shibumaku.jp/

- 3学期制
- 週6日制
- 月～金6時限、土4時限
- 50分授業
- 1学年10クラス
- 1クラス約40名

「渋幕的自由」を楽しみながら「自調自考」の3年間を過ごす

渋谷教育学園幕張高等学校は、自由な校風のなか、様々なことに挑戦できる学校です。１人ひとりが打ち込めるものを見つけ、将来につながる力を身につけながら充実した高校生活を送っています。

田村 聡明 校長先生

自分で考え判断し行動できる力を養う

渋谷教育学園幕張高等学校（以下、渋谷教育学園幕張）が千葉・幕張の地に誕生したのは１９８３年のことです。日本社会のグローバル化を見据え、「次代を担う人材の育成」をめざして創立されました。

そうした思いから、「自調自考の力を伸ばす」「国際人としての資質を養う」「倫理感を正しく育てる」の3つが教育目標に据えられました。なかでも「自調自考」は、同校の学校生活において、あらゆる場面でキーワードとなっている言葉です。

田村聡明校長先生は「『自調自考』には2つの意味があります。1つは『自らの手で調べ、自らの頭で考える』こと。現代は変化が激しく、情報があふれている時代です。そうした時代に生きるためには、自分で考え判断し行動できる力が必要ではないでしょうか。

また主体的に生きることも重要だと考えています。だれかに指示されたからやるのではなく、自ら高い目標を掲げチャレンジしていく、そんな生徒であってほしいと思います。そのためにはまず、自

分がどういう人間であり、どうなりたいのか、なにをなすべきなのかを知ることが求められます。『自らを調べ、自らを考える』、これが『自調自考』のもう1つの意味です」と話されます。

生徒が受け身になるのではなく、主体性を持つことを重視する渋谷教育学園幕張。同校には校則もありません。自由な校風のなか、伸びのびと高校生活を送ることができます。しかしそれは自分勝手にふるまっていいということではないのです。

どの生徒も周りの人を大切に考え、自らの行動に責任を持っているからこそ生まれている校風です。同校ではこれを「渋幕的自由」と呼んでいるそうです。

加えて、渋谷教育学園幕張では多様性を大切にしています。同校には、渋谷教育学園幕張中学校から入学する中入生と、高校受験を経て入る高入生がおり、そのなかには帰国生も一定数いることで、多様な個性が集まっています。

なお中入生との学習内容の差を埋めるため、高入生は1年間別クラスで専用のカリキュラムで学びます。しかし、部活動や行事は高1からともに行うため、中入生と高入生の垣根はすぐになくなるといいます。そして、高2からは混在クラスとなり机を並べます。

「中入生、高入生、帰国生といった枠にとらわれず、多くの人と交流し友情を築いてほしいと思います。異なる価値観や考え方を持つ仲間と協働する経験は、社会に出た際にも活かされることでしょう」

（田村校長先生）

興味の持てることを見つけ「自調自考論文」を執筆

日々の授業では、基礎学力をしっかりと培ったうえで、思考力や創造力を養うことが意識されています。高2からは希望進路に沿った文系・理系の科目を選択し、学びを深めます。

なかでも特徴的なのが、高1から高2にかけて取り組む「自調自

考論文」です。生徒1人ひとりに担当教員がつき、面談を重ねながらテーマを設定し研究を進めていきます。

「最終的には論文を執筆します。なかには小説や、自作の曲を提出する生徒もいるのですが、基本的には論文の形式で提出してもらいます。論文執筆は、1つひとつ検証を重ね、真理を追い求める取り組みです。その経験は大学での学びにもつながるでしょう。

しかし、だからといって論文を仕上げることだけを目的としているものではありません。興味を持てるテーマを見つける、このこと自体に大きな意味があります。自分はどんなことに関心があるのか、どんな課題を解決したいと思っているのか、自調自考する、その過程こそが重要なのです」と田村校長先生。

これまでに書かれた自調自考論文には「選挙における供託金の是非と代替案の考察」「『人間失格』の中の『侘しい。』の英訳」「21世紀の食料資源としての昆虫の可能性」「丸文字フォントから受ける印象の定量化と一般化」「日本の教科書は加害の歴史に向き合えているのか」「ブロックチェーンと仮想通貨の未来」といったものがあります。

これらの多種多彩な論文タイトルからも、生徒1人ひとりが自分自身を探り、真に取り組みたいテーマを見つけていることがわかります。

授業以外での取り組みも応援

渋谷教育学園幕張は、興味のあることを思う存分追究できる学校です。教員は生徒の頑張りを全力でサポートします。それは授業に限ったことではありません。

以前、天文部に所属する1人の男子生徒が、スーパーコンピューターを自作したいと考えました。彼は、学校にある古いパソコンを使って作ることを思いつき、教員に相談。50台のパソコンを譲り受

緑も多く落ち着いた雰囲気のキャンパスには、多彩な施設がそろいます。さらに生徒が自由に使えるフリースペースもいたるところに設けられています。

グラウンド

マルチメディア室

図書館

化学室

体育館

けて、部の仲間2人とともにスーパーコンピューターを作り上げました。

その際、部費では作成費用の20万円をまかないきれず、当時の校長、田村哲夫先生に直談判し、予算を補ってもらったそうです。完成したスーパーコンピューターで実施した銀河衝突のシミュレーションは、見事成功したといいます。

「昆虫好きの生徒が、カブトムシの動きを模倣できるロボットを開発したこともありました。カブトムシは、自分の体重よりも重いものを運べるそうです。その特性を活かし、レスキューロボットとしても役立つものを完成させました。外部の大会でも高い評価を受けていましたね。生徒が自由にチャレンジできる、その環境を今後も大切にしていきたいです」と田村校長先生。

異文化に触れる機会が豊富 海外大学進学もサポート

前述のように、渋谷教育学園幕

渋谷教育学園幕張のモットーである自調自考。創立者であり、現在学園長である田村哲夫先生が定めた教育目標です。

2020年度から制服が新しくなりました。ブレザーの胸には校章がデザインされています。ワイシャツ、ブラウス、ポロシャツ、セーター、ベストがあり、女子生徒は複数デザインのスカートのほかスラックスも選べます。

天体望遠鏡

第2啓発室

中庭

茶室

カフェテリア

張には帰国生も多くいることから、日常的に日本以外の文化を知る機会があります。

　また、高2で実施される修学旅行の行き先は中国で（現在はコロナ禍により九州に変更）、さらには海外に提携校を数多く持っているため、海外研修も豊富に用意されています。

　アメリカ研修（高1〜高2）やベトナム研修（高1）、北京研修（高1〜高2）、イギリス研修（高1〜高2）、シンガポール研修（高1）など、研修先も様々です。希望者を対象としたものではありますが、多くの生徒が積極的に海外に飛び出しています。

　コロナ禍では、こうした海外研修はオンラインでの交流となりましたが、現在、来春からの再開をめざして準備を進めています。

　田村校長先生は「たとえ直接会うことはできなくても、その国のことを知り、現地の人の考えに触れることは、世界に興味を持つきっかけになるでしょう。社会情勢が落ち着いたら、実際に現地を訪れ、今度はその国が醸し出す空気を肌で感じてきてほしいです」と話されます。

　このように世界に目を向ける機会が多くあることから、渋谷教育学園幕張には、例年海外大学に進む生徒がいます。

　彼らをサポートするため、海外大学進学希望者に向けた説明会や相談会が開催されています。さらに海外大学から担当者が訪れ、説明会を開いてくれるそうです。その際、その大学で学んでいる卒業生もいっしょに来ることが多いといいます。これまでに多くの生徒を海外大学に送り出している同校だからこそのことといえるでしょう。

幅広い分野で実施する「GLFCプログラム」

　キャリア教育の一環として、「GLFCプログラム」が用意されています。「GLFC」は「Globalism」（世界の一体化を進める思想）、「Leadership」（リーダーシップ）、「Foresight」（先見性）、「Curiosity」（好奇心）に由来します。

　このプログラムには、「キャリアデザインセミナー」「『世界を変える』を考える」「東京大学研究セミナー」「医学部見学セミナー」「マスメディアセミナー」「公認会計士セミナー」など、幅広い分野のセミナーがあります。

国際教育

国際教育も盛んな渋谷教育学園幕張。中国への修学旅行では日本文化の源泉に触れます。海外大学の三角旗が飾られているのも海外大学進学者の多い同校ならではです。

海外大学三角旗

修学旅行・中国

部活動

充実した施設を活用して、運動部、文化部ともに活発に活動しています。

剣道部

大学の学びに触れ、社会で活躍する人たちの話を聞き、生徒は具体的に将来を考えるようになるのでしょう。年間20回以上実施していることから、すべての生徒が最適な道を見つけられるように、という学校の思いが感じられます。

好きなことに打ち込みながら、主体的に学校生活を送ることができる渋谷教育学園幕張。同校だからこその自由な高校生活が待っています。

最後に田村校長先生は「本校では多様性を重視しています。色々な個性を持つ生徒が集まり、みんなで作り上げるのが渋谷教育学園幕張の文化です。

自分らしい学校生活を送ることが大切です。みなさんもぜひ、目標に向かって努力する『自調自考』の高校時代を過ごしてください。卒業する際、『毎日学校に行くのが楽しみだった』『充実した3年間だった』『やりたいと思っていたことをやりきった』と生徒が感じてくれること、それが校長である私の一番の願いです」と笑顔で話されました。

行事

行事にも「自調自考」の精神がいかんなく発揮されており、生徒が主体となって企画、運営されるものが多数あります。また、豊かな感性が育つメモリアルコンサートといった行事も魅力です。

メモリアルコンサート

スポーツフェスティバル

槐祭（文化祭）

■2022年3月　大学合格実績抜粋　（　）内は既卒

国公立大学		私立大学	
大学名	合格者数	大学名	合格者数
北海道大	7（3）	早稲田大	220(63)
東北大	7（1）	慶應義塾大	153(49)
筑波大	15（5）	上智大	59 (20)
東京大	74 (20)	東京理科大	126(54)
東京医科歯科大	3（0）	青山学院大	21（9）
東京外国語大	1（0）	中央大	36 (27)
東京工業大	9（2）	法政大	43 (32)
一橋大	10（1）	明治大	95 (34)
京都大	7（1）	立教大	26 (11)

写真提供：渋谷教育学園幕張高等学校　※写真は過年度のものを含みます。

何かをしたい、を カタチにしたい。

□ 中央大学とつながる

93%

（2021年度　中央大学内部推薦進学実績）

条件を満たせば他大学受験も可能なので、ほぼ100%の生徒が現役で大学へと進学します。

□ 未来の自分とつながる

100冊、6000字

３年間で100冊の課題図書、３年次に6000字以上の卒業論文。他にも「理数探究」「カウンセリング講座」「統計学入門」等を開講。大人になるための教養を身につけます。

□ 世界とつながる

5つの世界、4つの言語

イギリス、オーストラリア、ニュージーランド、中国、マレーシアへ。豊富な海外研修プログラム。英語だけでなく、仏、中、韓、様々な言語を学べます。

「競争」しない、「共創」の学校

誰かを押しのけて自分が一番になる「競争」、これでは自分の世界は広がりません。

中杉で行なうのは、自分とは異なる価値観を持った人たちと、共に新たな世界を創る「共創」。

「共創」のための PBL（問題解決型学習）など多彩なプログラムが、あなたの世界を確実に広げていきます。

フルスペックの大学附属校

中杉は、９割以上の卒業生が中央大学へ進学するフルスペックの大学附属校、高大接続教育のその先にある、７年間の「高大一貫教育」を実現しています。高大アクセスプログラム、スチューデントライブラリアン、ライティング・ラボなどをはじめとした中央大学との共同プログラムによって、７年間の学びをサポートしていきます。

中央大学杉並高等学校

CHUSUGI
CHUO UNIV. SUGINAMI HIGH SCHOOL

〒167-0035　東京都杉並区今川2-7-1
TEL　03-3390-3175　FAX　03-3396-1682
URL　http://www.chusugi.jp/　MAIL　go@chusugi.jp

■ JR中央線・東京メトロ丸ノ内線荻窪駅から西武バスで８分
■ 西武新宿線上井草駅から徒歩12分

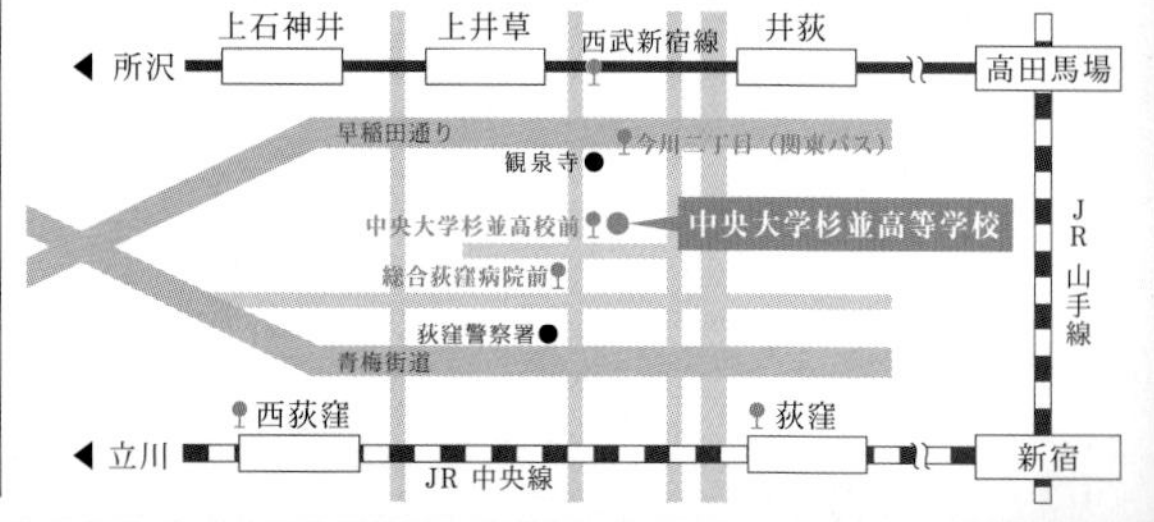

その研究が未来を拓く

研究室にズームイン

社会の様々なモノの渋滞を数学と物理で解消する

東京大学先端科学技術研究センター 西成活裕（にしなり かつひろ）教授

日本には数多くの研究所・研究室があり、そこではみなさんの知的好奇心を刺激するような様々な研究が行われています。このコーナーではそんな研究所・研究室での取り組みや施設の様子を紹介していきます。今回は渋滞学を専門とする東京大学先端科学技術研究センターの西成活裕教授の研究についてお伝えします。

画像提供：西成活裕教授

©Steamaze/PIXTA

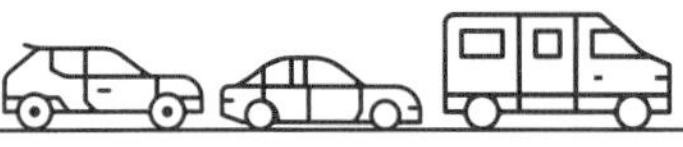

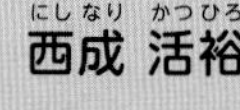

西成（にしなり） 活裕（かつひろ）

東京大学大学院工学系研究科航空宇宙工学専攻博士課程修了、山形大学助教授、龍谷大学助教授、ドイツ・ケルン大学理論物理学研究所客員教授を経て、2009年より東京大学先端科学技術研究センター教授

社会貢献をめざして立ち上げた渋滞学

　ゴールデンウィークや年末年始といった大型連休になると、必ずといっていいほどテレビやラジオで流れるのが高速道路における渋滞のニュースです。△△インターチェンジ付近で×km、▲▲トンネル付近で□kmの渋滞が発生……。みなさんも聞いたことがあるのではないでしょうか。保護者の方が運転する車に乗って、渋滞を体感したこともあるかもしれませんね。

　このように多くの人が見聞き、もしくは経験したことがある渋滞。では、いったいどのような状態のことをいうのでしょう。

「車がたくさんあって道路が混んでいることでしょ」「スピードが出せなくてノロノロ運転になることだよ」といった声が聞こえてきそうです。どちらも正解に感じられます。ただ「たくさん」とは何台なのか、「ノロノロ」とは時速何kmなのか、それは人によって違いそうです。

　では答えをお伝えしましょう。今回ご紹介する「渋滞学」では、高速道路における渋滞とは、①1kmに25台を超える車があること、②時速70km以下で走ること、のいずれかです。イメージがしやすいであろう②で考えてみます。時速70kmは、「ノロノロ」のイメージとは、かけ離れているように感じます。「渋滞とはいわないんじゃないの?」と思う方もいるでしょう。

　しかし、これは「渋滞の定義」と呼ばれる、根拠のあるものです。発見したのは、東京大学先端科学技術研究センターの西成活裕教授です。西成教授は30年以上前に、渋滞の定義を見つけ、現在まで渋滞学を専門に研究されています。

「みなさんは渋滞学という研究分野があることを知っていましたか。きっと多くの人は耳にしたことがな

シンガポールの渋滞の様子。国内だけでなく海外の渋滞にかかわるデータも集めています。

▼高速道路のデータ

渋滞

交通量（台/5min）

密度（台/km）

サーキットでの実験

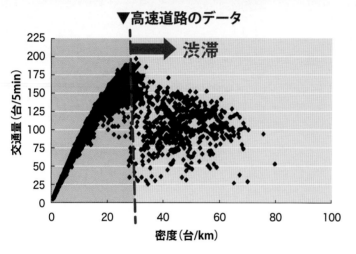

茨城県ひたちなか市にあるサーキットで実験を行いました。その結果は、㊧高速道路のデータと同じ結果になったそうです。渋滞の定義を理論的に確認できた思い出深い実験だったと西成教授は話されます。

かったですよね。私はもともと数学や物理が好きで、そこで培ったデータの分析力や流体力学にかかわる知識を使って社会貢献できないかと考えていました。そこで『世の中には渋滞というムダなものがある。それを私の知識でなくしていこう』と思いついたんです。そこで立ち上げたのが渋滞学です」（西成教授）

サーキットでの実験で確認された定義

西成教授に渋滞の定義を発見した経緯を伺うと、「『渋滞をなくしたい』と思っても、『渋滞とはいったいどういうものなのか』を理解していなければ、どのくらい車を減らせばいいのかわからないですよね。だからこそ、まずは渋滞していない状態から渋滞になる『境界線』を探すことにしました」と話されます。

そこで発見されたのが、先ほどお伝えした①と②だったといいます。

これは、約4年の歳月をかけて、高速道路の交通量に関するデータを分析して導き出され、実験でも実証されました。

実験では、なんとサーキットを借りきり、50台の車を使ったというから驚きです。実験方法は、西成教授が起点となる場所に立ち、目の前を通りすぎる車の数をカウントするというもの。サーキットを走らせる車は1台、2台、3台……と徐々に増やしていきます。1台も走っていなければ、カウント数は「ゼロ」、1台通りすぎれば「1」、2台ならば「2」、となります。

「車の台数が多くなれば、当然ながらカウント数も上がります。しかし数が増えすぎると、前方の車にぶつからないよう各車がスピードを落とさなければなりません。すると、たとえ5分間という同じ計測時間であったとしてもカウント数は下がってきますよね。それでもどんどん車を増やしていくと、いずれサーキットの全長が車で埋まり、まったく動けない状態がやってきます。完全に車の流れが止まりますから、カウント数はスタート時のゼロに戻るわけです。高速道路のデータと同じ結果が得られました」と西成教授。

さらに「高速道路のデータでのカウント数のピークは、1㎞に25台の車がある状態でした。25台を超えるとカウント数は下がっていく、つまり各車のスピードが落ちてくるわけです。車の流れが悪くなっているということは、ここが渋滞の始まりなのだと気づきました。その境界線となるスピードが70㎞だったんです。」

また1kmに25台ということは、車体の長さを考慮せずに単純計算すると、1km÷25台で車間距離は40m。車間距離が40mを下回ると渋滞がスタートする、これも確かなことだとわかりました」と話されます。

高速道路における実証実験で見事成功！

みなさん、渋滞している高速道路を思い浮かべてみてください。車同士がとても近づいているイメージがありませんか。人間の心理として、渋滞時には「少しでも前に」と、車間距離を詰めた方が早く目的地に到着すると思ってしまいます。

しかし西成教授は、「渋滞を解消するには、『急がば回れ』です」と話されます。「目的地に近づきたい」という思いをぐっとこらえて、車間距離を40m以上に保つことが、渋滞をなくす秘訣なのだといいます。

「一見矛盾を感じますよね。少しでも前に進みたいのに、車同士の距離を40m以上も取れだなんて（笑）。でもこれは事実なんです。実際に高速道路でも実証実験をしてみましたからね」（西成教授）

実証実験が行われたのは、中央道の小仏トンネル付近。全国の高速道路のなかでも、渋滞が頻繁に発生することで有名な場所です。この実証実験は、国土交通省や警察、NEXCO中日本（高速道路を管理・運営）などと連携した大規模なプロジェクトとして行われました。

渋滞が発生している場所にさしかかったとき、あえて車間距離を40mにしていったそうです。次の車もその次の車も……すると見事渋滞が解消されたといいます。

「この実験が成功したときは言葉では言い表せないほど嬉しかったです。定義に自信はあったものの、実際に渋滞が解消されていくのを目の当たりにしたときは興奮しました」と笑顔を見せる西成教授。

渋滞は「どうしようもないもの」でも「1台1台の努力では、なくならないもの」でもなく、個々の運転者が渋滞の定義を知って運転すれば防ぐことが可能なものなのです。

大きなヒントを得た「アリ」間距離

さて、車間距離40mは、前述の高速道路のデータから見つけ出されたとお伝えしました。しかし、車間距離を保つと渋滞しないという事実は、ある生物からも大きなヒントを得たというのです。それはアリです。

アリの集団を観察してみると、多くの場合、列になって行動している様子がみられます。そこでアリ同士

高速道路での実証実験

実証実験を中央道・小仏トンネル付近で実施。8台の車が使われました。「このプロジェクトに参加したメンバーと会うといまだに、『あれはすごかったよな』と盛り上がります」（西成教授）

「アリ」間距離

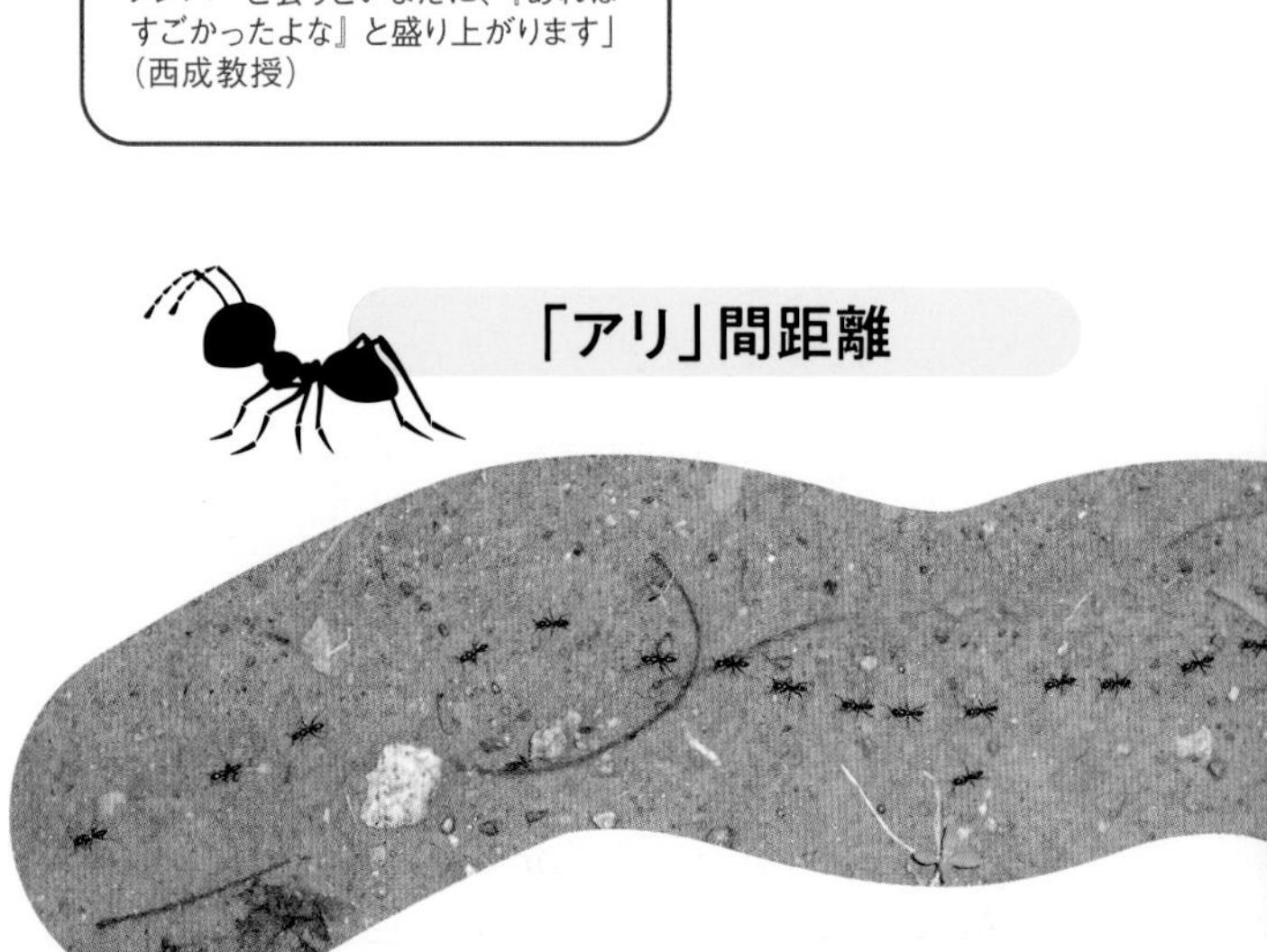

アリたちの進む様子。行列になっていても渋滞はしていないことがわかります。

人の渋滞

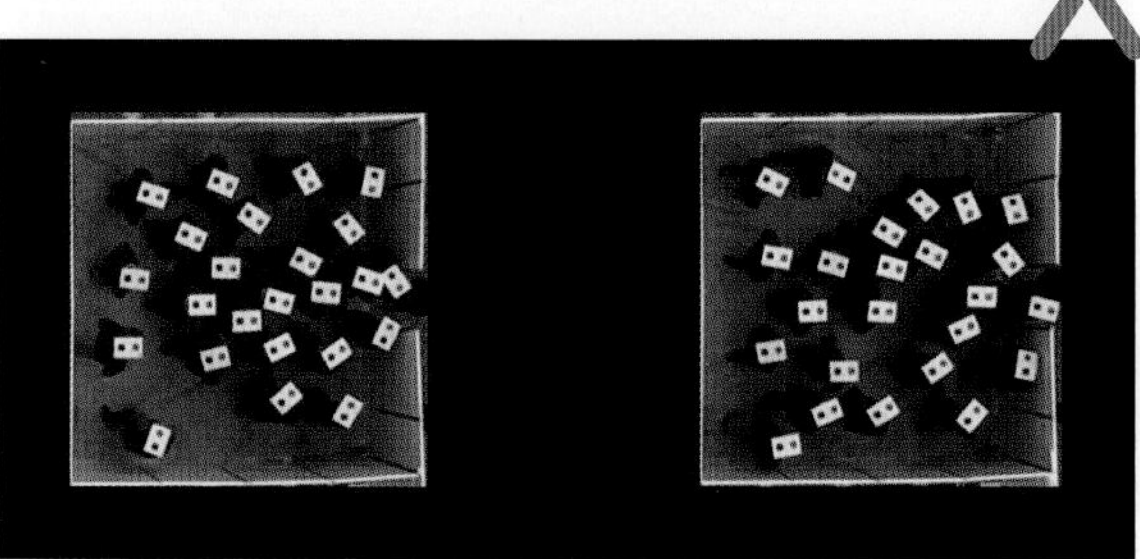

柱を立てた実験

歩行混雑実験

歩きスマホ実験

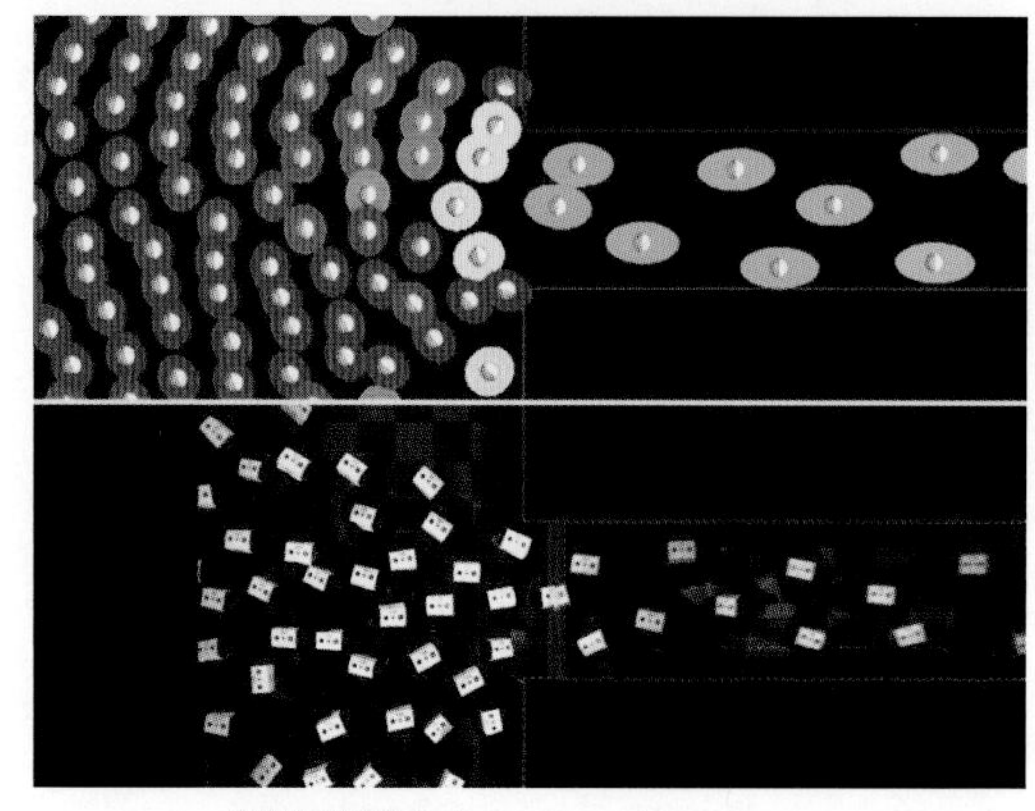

退出実験とシミュレーション

西成教授は、人の渋滞についても研究しています。シミュレーションや実験から、1㎡に2人以上いると渋滞が発生している状態だと判明しました。関連して、歩きスマホにかかわる検証を行うと、人間はお互いにお互いを見ていなければ、よけることができないという結論が出たそうです。

の距離に注目すると、なんと一定の距離を維持していることがわかります。「車」間距離ならぬ「アリ」間距離といえるものがあるのです。

「アリは、前にいるアリとの距離を取りつつ、一定のスピードで歩きます。基本的にどのアリも前に詰めようとはしないので、車のように渋滞が起こることはありません。その様子を見ていて、渋滞解消のためには、前の車との距離を保つことが重要なのではないかと閃いたんです（笑）」（西成教授）

だれもが一度は見たことがあるであろうアリ。多くの人は、一列に並んでいるアリを見ても、「アリとはそういうもの」と感じるだけではないでしょうか。しかし、西成教授はアリの行列について、異なる視点から考察されました。その気づきが渋滞解消に役立ったというのが、とてもユニークですね。

人やヒツジにも渋滞は発生している

渋滞と聞くと、これまでお伝えしてきたような車にかかわるものをイメージする方が大半でしょう。しかし、「流れが滞ること＝渋滞」と考えれば、社会のあらゆるものに渋滞は発生する、と西成教授はとらえています。例えば人の渋滞です。行列ができているレストラン、通勤・通学時間帯の電車、オリンピックなどの大型イベントの会場といった場所が、多くの人で混雑しているのは渋滞が発生している証拠です。

ここで問題です。ある部屋に50人の人がいます。出口は1つで、一度に出入りできるのは1人か2人。そんな状況で、いっせいに部屋の外に出ようとしたら、出口付近は大混雑になることが想像できます。では、出口の前に柱を設けたらどうなると思いますか。①障害物がある状態と、②ない状態、どちらがより早く全員が部屋から退出できるのでしょう。

「みなさんの答えはどちらでしたか。正解は①です。不思議ですよね。これは心理学にも関係しています。人間の心理として、人対人であれば、互いの身体がぶつかったとしても、それぞれが無理やり出ようとするので、流れが滞り、出口を通過するのに時間がかかってしまいます。

しかし、障害物の柱にわざわざぶつかろうと考える人はいませんから柱をよけようとする、その結果、殺到しなくなるので出口付近での人同士のぶつかりあいもなくなり、流れがスムーズになります」（西成教授）

この実験成果を発表したところ、

海外のある研究者から連絡がきたそうです。その内容はヒツジで同様の実験をしたというもの。ヒツジを小屋に入れようとしても、入口でぶつかりあってなかなか入らない。そこで入口の前にドラム缶を置いたら、なんとスムーズに小屋に入ったというのです。渋滞学は動物の渋滞にも応用できるようですね。

多くの分野とコラボし 社会問題を解決する

ここまで車、そして人の渋滞にかかわる研究を紹介してきましたが、西成教授は車以外のモノの流れにも研究範囲を広げています。経済学におけるお金の流れ、経営学における意思決定の流れ、医学におけるタンパク質の流れなど、すべてをお伝えすることができないほど、数多くの分野とコラボレーションしています。なかでもここ数年とくに力を入れているのは、あらゆるモノを扱う物流業界における流れ。

近年、様々なモノがインターネットで購入できるようになりました。歯ブラシ1本から買うことができ、すぐに自宅に届く時代です。とても便利に感じられますが、一方で倉庫での仕分け作業や配送作業など、物流業界では多くの仕事が発生しており、人手不足の状態が続いています。すると、荷物の配送が滞る事態に……そこで西成教授の出番です。

一般的に配送する品物や配送地域のデータは、配送会社ごとに管理されています。しかし、西成教授は、いくつもある配送会社のデータを統合することを提案しています。

「例えば、Aさんが歯ブラシを購入しました。届くのは11月15日午前の予定で、配送するのはX社です。Aさんの隣に住むBさんは、同日の同じ時間帯にお米を頼んでいます。ただし配送担当はY社です。この場合、いずれかの配送会社がまとめて届ける方が効率的だと思いませんか。トラックに載せる荷物の量も増えて、コスト的にもメリットがあります」（西成教授）

このように一見関係がなさそうな分野ともコラボレーションできることがとても楽しいと語る西成教授。中学生のみなさんにも、ぜひ分野を横断した学びに取り組んでほしいと話されます。

「イメージはバスケットボールの技術、ピボットです。ボールを持っていたとしても、片足を床に固定しておけば、もう一方は自由に動かすことができます。軸となる専門分野は持ちつつも、その枠にとらわれることなく、他分野にも興味を持つ。ほかの分野の知識があるからこそ、少し違った視点から課題の解決方法を考えつくと感じています。未知の分野に冒険に出てお宝を発見している探検家の気分です（笑）。

中学生のみなさんもぜひ、色々な分野に触れてみてください。中高時代はスポンジのように多くの知識を吸収できる時期です。『この勉強の意味は？』と感じることもあるかもしれませんが、その知識もいつかきっと役立つはずです。好き嫌いをいっていては、もったいないですよ。どの教科にも一生懸命に取り組んでください」

幅広い分野（㊨物流）、そして、様々な人（㊦フランスの研究者）とコラボレーションするのが西成教授の研究の特徴です。

空気や水の研究から渋滞学へ つまずいたときがチャンス

渋滞を切り口に、様々な社会問題を解決しようとする西成教授。しかし、じつは研究を始めた大学生のころは、空気や水について研究していたといいます。

「幼いころから飛行機や宇宙ロケットに興味があって、自分でも作りたいと思ったんです。どちらも空気中を飛ぶので空気の流れについて知

学生たちとともに普段から数多くの実験に取り組まれています。研究に励む学生にも、諦めないことの大切さを伝えているそうです。

らなければなりませんし、宇宙ロケットは液体水素と液体酸素を燃やして飛ばすので、液体（水）にかかわる知識もなければ、よりよいものは作れません。そのための研究をしていました」と話す西成教授。

　では、その研究のどのようなところが渋滞学の研究につながったのでしょうか。

　その理由を伺うと「社会に目を向けると、あらゆるモノに『流れ』があることに気づきました。そして多くの渋滞が発生していることにも。そこで、これまで培ってきた空気や水の流れに関する知識を使って社会の流れをスムーズにしようと思ったんです。分岐する、合流する、1箇所に多くが集まるとあふれるといった現象は、どんなモノの流れにも共通していますから、独自の視点で渋滞の研究を進めることにしました。

　また、空気や水については、昔から多くの人が研究しているので、新しい発見は難しい。しかし分野を横断した研究ならばきっと、という期待もありました」と語ります。

　自ら渋滞学を立ち上げ、多くの分野に応用していることから、西成教授は順風満帆の研究人生を歩んできたのだろうと思ってしまいます。しかしそんなことはないようで……。

「私はすでにお伝えしたように、数学や物理の知識を活用して、渋滞を研究しています。研究を始めた当初、そうしたスタイルで渋滞の研究をしている人はほぼおらず、学会で発表してもまったく相手にされませんでした。悔しかったですね。でも、自分の研究に自信がありましたから、揺らぐことはありませんでした。

　そして尊敬する先輩の言葉も支えになりました。『人生とは、なにごともやり抜くか諦めるかの2つだ。成し遂げられないことがあったとしたら、それは不可能だったのではなく、諦めただけだ』と。その言葉を聞いて、じゃあやり抜いてやろうと頑張った結果が現在です。

　研究は1年のうち、360日はうまくいきません。でもそのときがチャンスです。ほかの研究者もきっと同じように悩んでいて、彼らは断念するかもしれない。ですからそこで踏ん張れば、自分がなにかを発見できるぞ、と逆にやる気が湧いてくるんです」（西成教授）

　専門的な知識と諦めない姿勢で、世の中のあらゆる渋滞を解決しようとする西成教授。独自の武器を手に、今後どのような分野の冒険に出発するのか、とても楽しみです。

　苦手な分野の勉強であっても、継続して努力すれば、必ずできるようになります。私は幼いころ算数が不得意でしたが、負けず嫌いの性格が功を奏して得意になりました。ほかの人には負けないという思いで専門性を深め、いつかきっと成果は出るという楽観的な思いも持ちつつ研究を進める、これが研究者には必要な姿勢だと思います。

東京大学先端科学技術研究センター

所在地：東京都目黒区駒場4-6-1
URL：http://park.itc.u-tokyo.ac.jp/tknishi/

サレジアン国際学園高等学校

SALESIAN INTERNATIONAL SCHOOL

能動的に学び、考える力を身につける PBL型授業と個性的な２つのコース制

２０２２年４月に校名変更、共学化し、新しいスタートを切ったサレジアン国際学園高等学校。前号では「21世紀に活躍できる『世界市民』の育成」という教育目標について、教育の特徴とともに紹介しましたが、今号では、その教育目標を実現するために欠かすことのできない「ＰＢＬ型授業」と、一新された２つのコースについて見ていきます。

「5つのチカラ」を育む ＰＢＬ型授業

「21世紀に活躍できる『世界市民』の育成」を掲げるサレジアン国際学園高等学校（以下、サレジアン国際学園）。世界市民を育てるために必要な基礎として定めているのが「考え続ける力」、「コミュニケーション力」、「言語活用力」、「数学・科学リテラシー」、「心の教育」という「5つのチカラ」です。

これを育むために最も重視されているのが「ＰＢＬ型授業」で、ＰＢＬとは「Project Based Learning」の略です。サレジアン国際学園では、生徒同士のディスカッションを中心とした課題解決型学習のことをさしますが、そのために特別なカリキュラムが用意されているわけではありません。

さまざまな教科において、日々の授業の中に取り入れられているのがサレジアン国際学園のＰＢＬ型授業の特徴。授業中に出た1つの正解のない課題に対して、生徒たちが最適解を考える作業を繰り返す中で、思考力や表現力、他者の意見を傾聴する力などを培います。

ＰＢＬ型授業は、教員から生徒へのトリガークエスチョン（知的探究心を刺激する投げかけ）から始まり、まずは個人で情報収集、その後、グループディスカッションがあり、グループ内で誰の意見がもっともいいのかを選び、その意見をブラッシュアップしたものを、最後にクラス内でプレゼンテーションするという流れです。

ここでポイントになるのは、グループ内でいいところ取りをした結論で終わらせないというところです。

「誰の意見が一番論理的で筋が通っているのかを話し合い、その生徒の意見を採用します。そこには『あの子ばかり採用されているから今回はやめておこう』、『最近はあの子が採用されていないからあの子の意見を採用しよう』といった忖度はいっさいなく、誰の意見が秀逸だったのかが重視されます。厳しく思えるかもしれませんが、社会に出たあとも、最も合理的だと思われる意見を提示することで、グループやコミュニティーで責任を果たせる人になってほしいという思いがあります。

また、プレゼンターだけが優秀として評価されるわけではありません。いかにグループの意見を引き出せているか、サポートできているかなど、周りの生徒についても教員はしっかりと見ています」（募集広報部長・川上武彦先生）

そのために、頭ごなしに相手を否定することは禁止し、お互いをリスペクトしたうえで議論を重ねることを、教員はつねに生徒に意識させています。

このＰＢＬ型授業と、通常の授業をバランスよく各教科で重ねることで、思考力や表現力だけでなく知識の定着率も上がっていると川上先生は説明されます。

それぞれに特色のある２つのコース

サレジアン国際学園には2つのコースが用意されています。「本科コース」と「グローバルスタディーズコース」です。

本科コースは、PBL型授業を軸に、生徒が主体的に学び、考える力をつけるカリキュラムになっているコースです。国公立・難関私立大学や、先端研究を行う理系の大学が想定進路です。

なかでも特徴的なのが探究型授業の「個人研究」です。

総合的な学習の時間を利用し、週2時間の枠で実施されており、その内容は大学のゼミナールのように2年間にわたって学びを深めていくというものです。現在は「文藝批評・文化論」「Math-Lab～数楽研究室～」など8つのテーマのゼミが存在しており、生徒はそのなかから1つを選択。選んだゼミのテーマに沿った研究内容を個人で設定し、2年間研究を進めます。高2の最後には論文としてその研究内容をまとめ、発表します。

「やらされる勉強から脱却し、『問い→収集→検証→表現』というサイクルを繰り返すことで『研究者の姿勢』を養ってもらうことが一番の狙いです」（川上先生）

グローバルスタディーズコースは、「インターナショナルスクールに近いような、英語で学び、英語で考える学習空間」（川上先生）が用意されているコースで、想定進路は英語で学ぶ国際系大学や海外の大学です。

英語の授業はネイティブスピーカー教員と日本人教員1人ずつの2人体制で、基本的にオールイングリッシュで進められます。サレジアン国際学園は、イギリスの超名門大学・ケンブリッジ大学が運営する「ケンブリッジ大学国際教育機構」から「ケンブリッジ国際認定校」に認定されており、その検定教科書を使って通常の英語の授業やPBL型授業が行われます。

また、サレジアン国際学園のネイティブ教員は、オーストラリアやイギリス、アメリカで社会科や国語、理科、数学などの教員として働いていた経験者が揃っており、本科クラスの「個人研究」に相当する「国際探究・航海型探究学習」において、その専門知識を活かした指導ができることも強みです。

長期・短期の海外留学プログラムも用意されており、今年入学した79人の高1のうち、すでに15人以上が留学希望を出しているそうです。

このように、大きな特色を持つ2つのコースが設置されているサレジアン国際学園。どちらもPBL型授業を軸に置き、受動的ではなく能動的に学ぶことで「5つのチカラ」を身につけ、21世紀に活躍できる「世界市民」を育てています。

魅力的な2つのコースで、みなさんも自分の可能性を磨いてみませんか？

学校情報〈共学校〉

所在地：東京都北区赤羽台4-2-14
アクセス：JR「赤羽駅」徒歩10分、地下鉄南北線・埼玉高速鉄道「赤羽岩淵駅」徒歩8分
ＴＥＬ：03-3906-7551（入試広報部直通）
ＵＲＬ：https://www.salesian.international.seibi.ac.jp/

受験生対象イベント日程

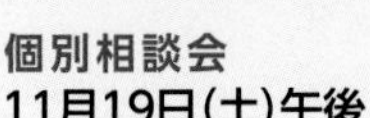

入試傾向説明会
11月19日(土)午後

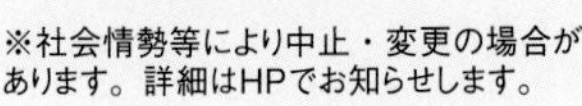

個別相談会
11月19日(土)午後

※社会情勢等により中止・変更の場合があります。詳細はHPでお知らせします。

入試日程

	推薦入試（単願・併願）	一般入試（第一志望、併願優遇、一般）
募集人員	推薦入試、一般入試、どちらもそれぞれ本科30名、グローバルスタディーズ20名	
試験日時	1月22日(日)	2月11日(土祝)
試験方法	小論文、面接(受験生のみ)	英語・国語・数学 各50分・100点

東京都立 青山(あおやま)高等学校（共学校）

生徒の意欲を尊重し「高き」をめざす志を養う

教員の高い専門性と緻密な教材研究のもと、質の高い授業が展開されている東京都立青山高等学校。様々な改革を経て、新たな伝統への第一歩を歩み始めています。

優れた学友たちと切磋琢磨しあう

東京都立青山高等学校は、1940年に東京府立第十五中学校として設置されたのが始まりです。1948年に東京都立青山高等学校（以下、青山）と名称を改め、今年で開校82年目を迎えました。

「AD ALTA[※] 高きを望め 青山で」のスローガンに基づき、高い志を持って学習に専念し大学進学をめざしていけるよう、学校全体で生徒1人ひとりを支援しています。

小澤哲郎校長先生は「受験生の方には、本校を志望する一番の動機が進学実績であってほしいと考えています。青山にいる生徒はみんな〝高き〟をめざす素質があるはずです。もう1つの志望動機となりうるのは、やはり自由な校風でしょう。勉強も行事も部活動も楽しみながら、自分の限界に挑戦してもらいたいと思います。どうか、能力があるのに『自由さ』に甘えて、それを掘り起こさないまま無為な3年間を過ごしてしまわないように注意してほしいです。優れた仲間に刺激を受けて、どこか緊張感のある高校生活を送ってほしいと思います」と話されます。

2022年度の入学生から新たなカリキュラムの適用が開始され、高1・2のうちは芸術科目などを除いたすべての科目を共通で履修します。3年次には標準単位を基本としつつ、必修選択と自由選択の選び方次第で自身の進路に応じた科目を受けられるようになっています。新カリキュラムは国公立大学受験に対応可能なだけでなく、

※ラテン語で「高きを望め」の意

所在地：東京都渋谷区神宮前2-1-8
アクセス：地下鉄銀座線「外苑前駅」徒歩3分、都営大江戸線「国立競技場駅」、JR中央・総武線「信濃町駅」「千駄ヶ谷駅」徒歩15分
生徒数：男子434名、女子400名
TEL：03-3404-7801
URL：http://www.aoyama-h.metro.tokyo.jp/

⇨ 3学期制
⇨ 週5日制（土曜授業年間20回）
⇨ 月曜～金曜50分6時限（金曜開講のフランス語・ドイツ語選択者は50分7・8時限）、土曜70分3時限
⇨ 1学年7クラス
⇨ 1クラス約40名

授業を通して幅広い教養を身につけることができるように工夫されているのだといいます。

「いわゆる『国立型』『私立型』というようなクラス編成にはしていません。級友のなかに高い志を持つ生徒がいたら、周りの生徒は一目置いて、自分も頑張ろうと思ってくれることでしょう。新カリキュラムを通して、そういう向上心のある雰囲気を作っていくことが私の目標です」（小澤校長先生）

小澤（おざわ） 哲郎（てつろう） 校長先生

青山では通常の定期考査以外に「校内学力テスト」が1・2年生で年間2回（9月、1月）、3年生で年間1回（9月）実施されています。そのほかにも各教科で定期的に小テストが行われており、予習復習の習慣を通した基礎学力の定着が図られています。また授業ではタブレット端末などのICT機器も活用されています。

校内学力テストは業者テストではなく青山の先生方が自ら作問を行っており、大学入学共通テストを見据えた設問も取り入れられています。授業を大切にして学習に励むことで、自然と大学入試を突破できる実力がつく仕組みが整っているのです。年間を通して、放課後には補講や講習が行われており、なかには部活動後に参加できるよう開始時間を遅く設定しているものがあるなど、青山は生徒の学ぼうとする意欲を大切にしています。

学外と連携し
生徒の自主性を育てる

青山の特色ある取り組みの1つに各界の著名人を迎えて行う「文化講演」があげられます。様々な分野で活躍する第一人者の話を聞き、世界を見る目を養うとともに生徒の自主性を育むことを目的と

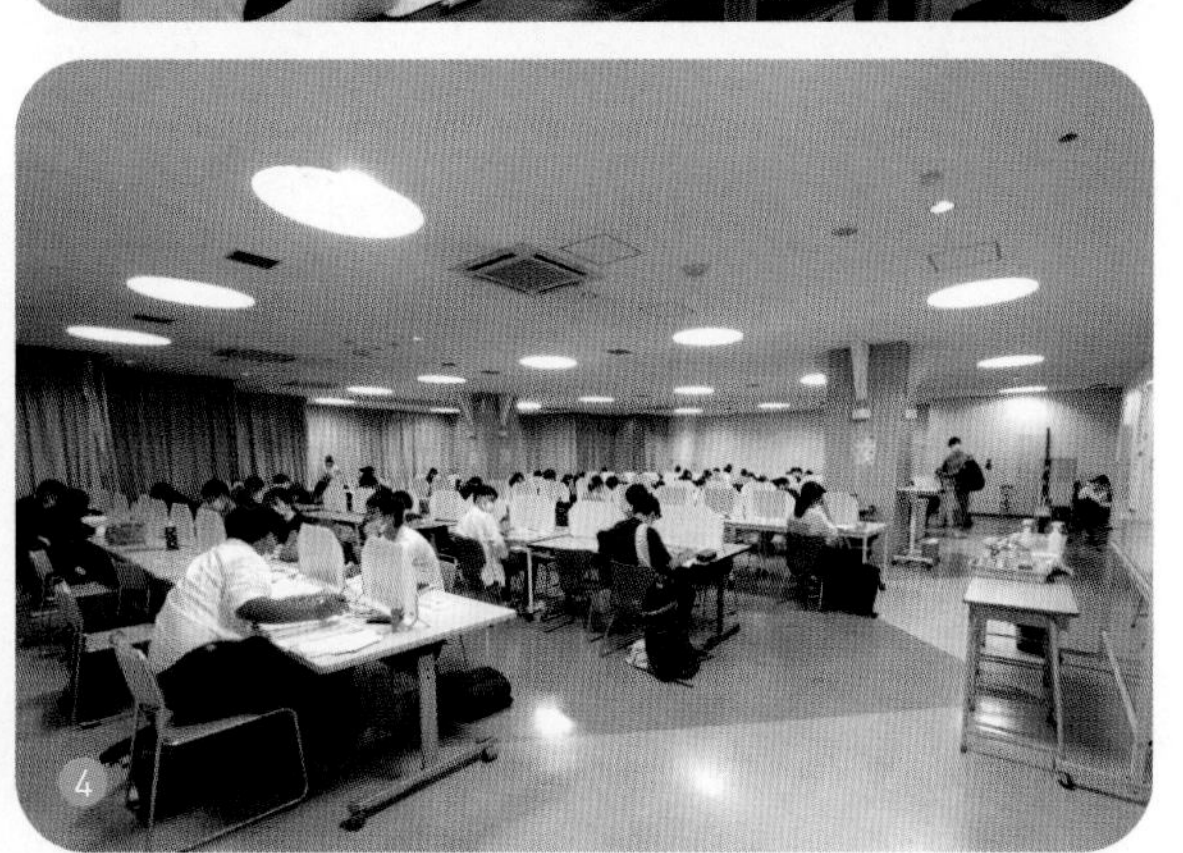

［学校生活］①②授業や③探究活動ではときにICT機器を用いながら、活発に意見を交わします。④学習室には小澤校長先生の発案で仕切り板が導入され、利用者が急増しました。

［行事］ 外苑祭は①演劇の発表はもちろん、生徒が一生懸命作った②③外装や④立て看板も大きな見どころです。例年６月に開催される⑤⑥体育祭も、学校全体で盛り上がります。

して毎年開催されています。これまでもラグビーワールドカップ日本招致事務局長を務めた方やテレビで活躍するジャーナリスト、交響楽団の音楽監督など、多彩なジャンルの著名人が登壇しています。

またこのほかに、希望者を対象として「キャリア・メンタリング・プログラム」を実施しています。民間のソフトウェア開発会社の社員とともに、例えば外苑前の交通をどう改善すればもっと住みよい街になるかといったテーマについて探究していくものです。普段は交流ができない学外の大人の話を聞いたり、考え方を知ったりすることをきっかけに、生徒たちは自身のキャリアについて考えを深めていくのだといいます。

こうした特別活動によって養われた自主性は、コロナ禍における学校行事のあり方を検討する場面にも表れてきたと小澤校長先生は話されます。新型コロナウイルス感染症が流行した直後、青山は感染拡大のおそれがあることから伝統ある外苑祭（文化祭）を開催することができませんでした。しかし、近年は生徒たちが主体となって改革を進め、新たなスタイルが生まれ始めているといいます。外苑祭のために映像作品を作った昨年度の経験をもとに、今年は様々な制約をクリアして全学年21クラスすべてが異なる演目の劇を上演することを達成しました。

「生徒が前を向いて頑張ってくれているので、学校側もそれに応えなくてはと、今年は抽選で外苑祭に保護者や中3生を観客として招くことを決めました。コロナ禍は生徒の心に傷を残したでしょうが、同時に新たな伝統を生むエネルギーにもなったと感じます。『君たちは新しい伝統の始まりを作ったんだよ』と、いつも彼らに聞かせています」（小澤校長先生）

多様なプログラムで キャリアプランの実現を応援

2003年より東京都の進学指導重点校に指定されている青山は

進路指導も充実しています。単なる「受験指導」を行うのではなく、「青高スタンダード」と名づけられた進路指導計画に則り、生徒1人ひとりのキャリアプランを実現できるような「進路指導」をすることをめざしています。

毎年9月には、その年の卒業生が高2の後輩に向けて、受験勉強や大学生活について語る「進路懇談会」が実施されます。また12月には高1・2を対象に「大学分野別模擬講座」も開催されます。様々な大学の先生方を招いて最先端の研究について講義をしてもらうもので、生徒たちはこれらの行事で学んだことを進路選択に活用していきます。また、年度の初めには、毎年『進路ノート』と呼ばれる冊子が配られます。この冊子は「おすすめの参考書」「志望校をどのように決めたか」など、卒業生が後輩たちのために回答したアンケートの結果を掲載したもので、受験に関する様々な情報がまとまっています。先輩がどのような工夫をしながら受験を乗り越えていったのかを知ることができる貴重な資料となっています。

進化を続ける「青高スタンダード」

小澤校長先生は「いま取り組んでいるのは『青高スタンダード』をさらにブラッシュアップしていくことです。各学年・各学期に、いつ、どこで、どのような指導を受けているのかがわかるような、いわば『進路スタンダード』と呼べる体制を作りたいと考えています。そうすれば学年が変わっても進路に対する考え方の流れは一貫しますから、生徒自身も受験校を検討しようとするときに、自分がどうしてその大学と学部を志望してきたのか、初心に立ち返ることができるはずです」と話されます。

高い志を持つ生徒の気持ちを尊重し、様々な取り組みをアップデートし続ける青山。今後はどういった意欲を持つ生徒に入学してほしいと考えるのでしょうか。

「自分の隠れた才能や可能性を、青山で見つけようとする姿勢を持った方に入学してほしいと思います。中学生くらいの年齢で、自分の能力の限界を考えてしまうのは、非常にもったいないことです。前向きな気持ちを持って勉強に臨めば、おのずと結果はついてくると思います。そこに少々の失敗があっても、決してめげないでもらいたい。マインドはいつも『転んでも、ただでは起きない青高生』です」（小澤校長先生）

［部活動］3年ぶりの夏合宿で①アルペン部は南アルプスへ挑み、②青山フィルハーモニー管弦楽団は新潟で腕を磨きました。

写真提供：東京都立青山高等学校　※写真は過年度のものを含みます。

■2022年3月　大学合格者実績抜粋（　）内は既卒

国公立大学		私立大学	
大学名	合格者	大学名	合格者
北海道大	3（2）	早稲田大	121（13）
東北大	4（3）	慶應義塾大	56（17）
筑波大	7（1）	上智大	52（10）
東京大	6（1）	東京理科大	75（35）
東京外国語大	6（0）	青山学院大	57（7）
東京学芸大	6（1）	中央大	51（13）
東京工業大	4（2）	法政大	58（22）
東京農工大	9（1）	明治大	177（37）
一橋大	13（4）	立教大	97（15）
横浜国立大	9（1）	学習院大	16（4）
京都大	1（1）	国際基督大	1（0）

玉川学園高等部

サンゴ研究部

サンゴを通して考える様々な環境問題

玉川学園高等部のサンゴ研究部は、サンゴの研究、サンゴの保全に携わる活動をしています。2022年度には沖縄研修が再開しました。

今回紹介してくれたのは

高3部長 松本 桃華さん

高3副部長 堀部 花音さん

School information〈共学校〉
所在地：東京都町田市玉川学園6-1-1　アクセス：小田急線「玉川学園前駅」徒歩20分
TEL：042-739-8931　URL：https://www.tamagawa.jp/academy/

コロナ禍でサンゴ以外の生物研究もそれがより知識を深めるきっかけに

沖縄に多数生息するサンゴ。沖縄の海を彩る存在として人気がありますが、年々、地球温暖化の影響などでサンゴ礁が減少しているといわれています。

そんなサンゴの研究、保全活動をしているのが玉川学園高等部（以下、玉川学園）のサンゴ研究部です。毎年、沖縄からサンゴの株を送ってもらい、それを学校で飼育したあと、沖縄に戻して移植するといった活動をしています。

サンゴを飼育するための水槽の管理・清掃や水質チェックなども部員たちで行います。玉川学園はスーパーサイエンスハイスクール（ＳＳＨ）に指定されていて、理科教育専門校舎のサイテックセンターにあるサンゴ研究部の活動拠点「夢工房」の設備も充実しています。

サンゴについて最初から詳しく知っている部員はほとんどいないため、入部してからしばらくはサンゴの研究を専門としている大学の教授などから直接話を聞いて知識を深めます。そこからサンゴを飼育し、沖縄研修を経て研究内容を決めて、Ｓ

沖縄からサンゴの株を預かり、校内の水槽で飼育。部員以外の生徒でも見られる場所に置いているものもあります。

SHの発表会や学会などで結果を発表。校内には、これまでの発表内容が掲示されています。

こうした活動が、玉川学園の生徒たちが地球温暖化などの環境問題を考えるための呼び水にもなっています。

しかし、コロナ禍で毎年行っていた沖縄研修が一昨年、昨年と中止。現地でサンゴに直接触れる機会がなくなりました。その一方で、新しい活動も始まりました。

「本来は沖縄でサンゴを直接見て、そこから研究を始める、という流れでしたが、コロナ禍になってからは、沖縄には行くことができませんでした。そのため、2020年からサンゴ以外でもいいので、興味のある海の生物を自分たちで調べる活動をスタートさせました」と副部長の堀部花音さん。

堀部さんは、部長の松本桃華さんともう1人の同級生といっしょに3人でウニの研究を始めました。

「ほかの部員たちもサンゴ以外の生物を研究しているなかで、私たちは1年生のころからウニについて調べています。きっかけは、ある日突然、学校の水槽にウニが入っていたことです。シラヒゲウニという沖縄に生息する種類のウニで、顧問の先生が水槽に入れていました。『これはなんだろう』と興味を持ち、調べていくうちに、サンゴの餌を奪うウニがいることなどがわかりました」（堀部さん）

松本さんは「私はウニのほかに海綿にも興味を持ち、調べてみると色々なところでサンゴに影響があるとわかりました。海綿もサンゴにいい影響を与えるものと、そうでないものがいて、いい影響がある海綿の特性を活かしてサンゴの保全活動につなげていきたいです」と、研究内容を話してくれました。

2人の場合はサンゴの生態にかかわる生物を研究することで、サンゴのことをより深く知ることにつながっています。

とはいえ、活動のメインはサンゴの研究、保全。この2年、中止になっていた沖縄への研修を今年は行うことができ、2人も念願の沖縄へ。

沖縄では伊江島へ行き、実際に海に潜って現状などをその目で見ました。そして、自分たちの手で育ててきたサンゴを移植することができ、部としての目標を1つ達成しました。

「沖縄には7月に4日間行き、最初の2日間は実際に海に潜ってどんな種類のサンゴがどのくらいいるのか、ほかの生物がどのようにサンゴと共生しているのかなどを確かめることができました。2日目の午後には自分たちが育ててきたサンゴを移植。初めてで難しいことばかりでしたが、貴重な経験ができてよかったです」（堀部さん）

「沖縄の現状、サンゴの状態について琉球大学の教授に直接聞くことができて、すごくいい機会になったと思います。沖縄では近隣の高校で保全活動の授業をしているそうで、そうした活動があることも知ることができました」（松本さん）

沖縄研修の様子や過去の発表の資料を学校内に掲示しています。

様々な器具を使い、㊨水質や㊦塩分濃度に問題がないかをチェック。部員全員で協力しながら水槽を管理します。

文系も理系も関係なく疑問をトコトン追究

サンゴ研究部という名前から理系科目が得意な部員ばかりと思いきや、文系の部員もいます。お話を伺った2人も「理系科目は苦手」と話すほど。しかし、入部してから専門的な話を聞いていくうちに、どんどんとのめり込み、いまでは研究のことばかり考えているそうです。

堀部さんは「最初のころは大学の教授、（飼育するための）薬剤などを取り扱う業者の方々がサンゴのことをおもしろおかしく教えてくれました。話を聞くうちに『じゃあこれはどうなんだろう？』と疑問を持つようになり、自分で調べて解決するようになっていきました。もともと、専門的な知識を積極的に学びたいタイプではありませんでしたが、海の生きものに詳しくなって知識をつけていくと、水族館がこれまで以上に楽しくなりました。部の活動を通して、なにごとに対しても興味を持つようになりましたし、まずは踏み出してみることが大事、ということもわかりました。また、高校に入るまでパソコンに触れることはほとんどありませんでしたが、周りの人に教えてもらいながら、自分の研究内容を発表するための資料をなんとか作れるようになり、だれかになにかを伝える力がついたと思います」と、自身の変化を話しました。

松本さんもうなずきます。

「私も同じように感じていて、活動していくうちに自然と主体性が出てきて、ささいな疑問に対しても追究していくようになりました。サンゴ研究部での活動をきっかけに、環境問題の解決に取り組んでいる大学、学部を志望校として選びました」

サンゴを守る活動を通して、環境問題を考える玉川学園のサンゴ研究部は、普段なかなか触れられない世界に触れ、小さな疑問についても調べる力や主体性を養える部活動です。

7月には3年ぶりに沖縄へ。無事に育ててきたサンゴを移植することができました。

写真提供：玉川学園高等部

勉強 先輩からのアドバイス 受験

高3
松本 桃華さん　堀部 花音さん

Q 玉川学園の特徴や学校生活の雰囲気を教えてください。

松本さん：中高一貫校は内部生と外部生でクラスが分かれることがありますが、玉川学園は高1からいっしょです。私は高校から入学したので、最初はなじめるか心配でしたが、色々な人が話しかけてくれて、すぐに仲よくなれました。また、英語に力を入れているところもこの学校のいいところです。国際バカロレア（IB）クラスに限らず、一般クラスにも英語が得意な人が多く、私も英語を話したいと思えました。英語の授業も自分から話したくなる内容です。

堀部さん：私も高校から入学しました。男女の仲もいいですし、学年も関係なく話しかけてくれるので社交的な人が多い学校だと感じました。先生方もフレンドリーで、授業ではわからないことがあればすぐに聞ける雰囲気作りをしてくれています。

Q 2人とも中学校では吹奏楽部だったそうですね。部活動と勉強の両立はどうしていましたか。

松本さん：私は1年生のころから毎日の授業やテストを疎かにしないようにしていました。3年生になると、塾にいるときは勉強に、部活動のときは部活動に集中していました。

堀部さん：自宅ではなかなか集中できなかったので、塾で勉強することが多かったです。例えば、土曜日は午前中に部活動をして、そのまま塾へ行き、なにも誘惑がないように自分を律しながら勉強していました。

Q 最後に読者に向けてメッセージをお願いします。

松本さん：志望校はみなさんそれぞれあると思いますが、一度違う学校に目を向けてみることもオススメします。私もそうして玉川学園を知りました。また、「この学校に行きたい」と目標を持つことはすばらしいことです。モチベーションを高く持って、志望校合格をめざして頑張ってください。

堀部さん：苦手科目はだれにでもあると思いますが、一度、全力で取り組んでみたらできることもあります。私も中学3年生のころ、苦手だった数学を勉強して一気に点数が上がったことがあります。そうした成功体験が自信につながりますし、次はこの教科をやってみようと思えるきっかけになります。また、高校は偏差値だけではわからないことも多いです。受験を終えた先にある高校生活はきっと楽しいことがたくさんあります。その日をめざして勉強を頑張ってほしいです。

F 文理未来コースの授業の様子　G 体育祭　H 陸上競技部

日本工業大学駒場高等学校（にっぽんこうぎょうだいがくこまば）

〈共学校〉

2021年に、普通科専一進学型の学校として再始動した日本工業大学駒場高等学校。基礎基本を大事にしつつ、コースの特徴を活かした独自の教育で進学実績を伸ばしています。

1人ひとりに寄り添った手厚い指導が魅力

「高い自己目標の実現」と「楽しい学校生活」を両輪に、進学型教育を推進する日本工業大学駒場高等学校（以下、日本工大駒場）。2022年度の難関大学合格者が過去最高となるなど、いま勢いを感じる学校の1つです。

入試広報室長の田上（たのうえ）克哉先生は、日本工大駒場の学びについて「本校には熱意のある教員が多く、教員同士で密に意思疎通を行っているのが特徴です。そして、どの生徒に対しても希望進路をかなえるだけの力が身につくよう手厚く指導しています」と話します。

その言葉通り、国公立大学・最難関の私立大学進学を掲げる「特進コース」、数学・英語・理科に特化した授業が行われる「理数特進コース」（3年間、文理選択はなく理系のみのコース）、G-MARCHをはじめとする私立大学が進学目標の「総合進学コース」、進学目標は総合進学コースと同じですが特徴としてものつくり体験を行う授業が設けられている「文理未来コース」の4コースそれぞれで希望進路をめざしています。なお、総合進学コースのなかには、外国語学部への進学や大学進学後に海外留学を考えている生徒のために「英語国際コース」が設置され、校内に5人いるネイティブ教員を中心に英語力向上を図ります。

また、長期休暇中の講習も充実しています。講習はコースに関係

Photo　A 屋上　B 新しくなった図書館　C 光風塾　D 光風塾の授業風景　E 特進コースの授業の様子

写真提供：日本工業大学駒場高等学校

なく自由に選択でき、2022年の夏期講習では100以上の講座が開かれました。加えて、選抜試験に合格したきわめて学力の高い生徒を対象に、後述する学校併設の「光風塾」も用意されています。

「本校では『圧倒的な基礎学力』を養成することを大切にしています。入学したときは勉強が苦手でも、学習内容がきちんと理解できるようになれば、次第に勉強が楽しいと思えるようになり、高い目標を持って大学進学をめざすことにつながります。

さらに、難関大学に合格するために必要となる応用力を伸ばすには、土台となる基礎学力が必要になるはずです」（田上先生）

最難関校をめざす生徒を支援する光風塾

光風塾は難関国公立大学・私立大学をめざす生徒のために、学校が運営する進学支援のための施設です。授業は平日17時から21時まで行われており（長期休暇中の講習あり）、自習室はほぼ毎日9時から21時まで使用できます。

光風塾の強みについて光風塾塾頭の橋本秀一先生は、以下のように話します。

「まずは、ほとんどの講師が東京大学出身者または現役東大生なので、どうしたら難関大学へ行けるのか知り尽くしているという点です。私も以前、塾の運営者として働いていたこともあり、その経験を指導に活かしています。次に、学校と密に連携していることです。学校のカリキュラムと連動し、生徒1人ひとりに合わせた指導をすることで、大きな相乗効果を生んでいます。

3つ目は、光風塾も『圧倒的な基礎学力』の養成を大切にしているという点です。入塾後、まずは中学校で習った範囲の復習からスタートします。復習のための小テストも細かく行っていて、テストの点数を光風塾生同士で競ううちに、いつの間にか土台固めが完成するようになっています」

なかには、大学進学後に講師として戻ってくる卒業生もいるなど、講師としてだけでなく、ロールモデルとしても在校生の心強い存在となっています。

ほかにも、生徒に開放されている広々とした屋上や近年設置された女子ラウンジ、新しくなった図書館など、充実した施設も特徴的な日本工大駒場。

最後に田上先生は「生徒には勉強だけではなく部活動や行事にも主体的に取り組み、『楽しい学校生活』を送るなかで、周囲のことを考えて行動できる『人の思いがわかる人』に育ってほしいと願っています。学校見学に来ていただいた際はぜひ、熱い思いを持って指導している教員やいきいきと過ごす生徒の様子のほか、施設と教育内容にも注目していただけると、本校の魅力をわかっていただけると思います」と話されました。

スクールインフォメーション

所在地：東京都目黒区駒場1-35-32
アクセス：京王井の頭線「駒場東大前駅」徒歩3分、東急田園都市線「池尻大橋駅」徒歩15分
生徒数：男子833名、女子196名
TEL：03-3467-2130
URL：https://nit-komaba.ed.jp/

2022年3月　おもな合格実績

大学	人数	大学	人数
国公立大	9	青山学院大	6
早稲田大	8	中央大	17
慶應義塾大	4	法政大	20
東京理科大	7	明治大	8
国際基督教大	1	立教大	7
学習院大	6	成成明國	35

※既卒生含む

中学生必見！

いよいよ始まる 東京都中学校英語スピーキングテスト

来年度（2023年度）の東京都立高校の入試（同年2月）で合否判定の一部となる英語のスピーキングテストが、この雑誌発売約2週間後の11月27日、初めて実施されます。都内の公立中学校に通う3年生、約8万人がいっせいに受ける大規模なテストで、現在、このようなテストを実施するのは東京都だけです。はたして、どのようなテストなのか、また、どのように都立高校入試に活用されるのか、来年以降の受検生のために、その必要性と活用についてお伝えします。

いよいよ始まる

中学生必見！

東京都中学校英語スピーキングテスト

時間をかけて準備された都のスピーキングテスト

東京都中学校英語スピーキングテストは愛称をESAT－J（＝イーサットジェイ＝English Speaking Achievement Test for Junior High School Students の略称）としていますが、この記事のなかでは、簡潔に「スピーキングテスト」と呼ぶことにします。

東京都教育委員会（以下、都教委）がスピーキングテストの導入を決めたのは2017年で、グローバル人材の育成戦略を検討する都の有識者会議から「4技能をバランスよく評価すべきだ」と提言されたのがきっかけだったとされています。

実際には都教委では、2013年、「東京都英語教育戦略会議」を設置するなど、ここ10年の間、スピーキングテストの導入を見据えた研究が進められてきました。

学習指導要領が改められ、2020年度から小学校5・6年生は教科として「英語（外国語）」を学んでいます。続いて翌年中学校、この春から高校でも改められた学習指導要領による新たな視点から英語の学びが始まっています。

都教委では、今回導入するスピーキングテストの狙いを次のように説明しています。

東京都の英語では、小学校から「聞く」「読む」「話す」「書く」に取り組んでいます。スピーキングテストでは、中学校の授業で学んだ英語で「どれくらい話せるようになったか」を試し、中学3年生11月のテスト実施後は、個々にスコアレポートを返却し、レポートにある「学習アドバイス」に従って、高校に進んでからの目標を設定させたり、英語力を向上させるための具体的な学習方法を生徒に知らせることを一番の狙いとしています。

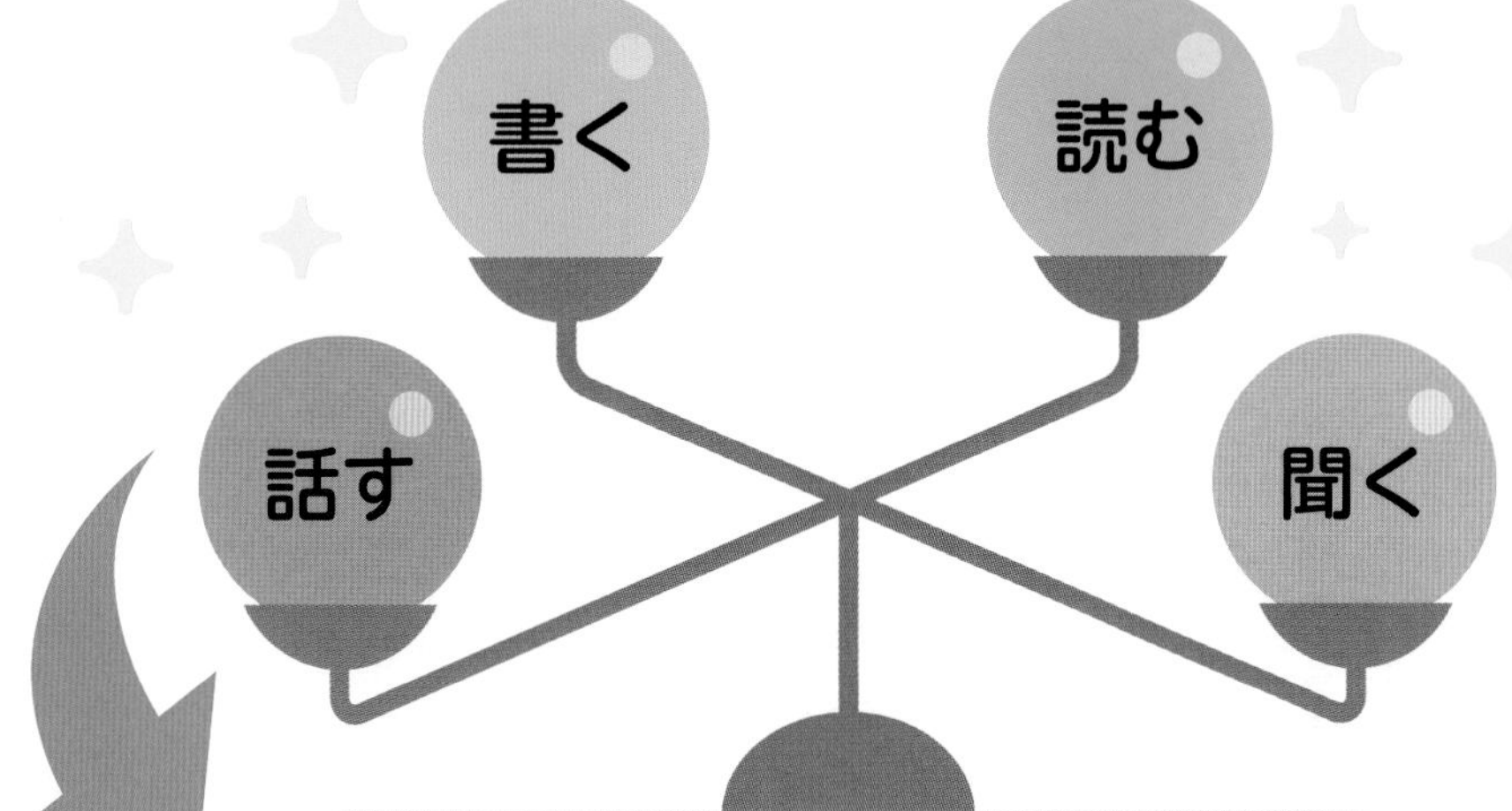

4つの技能をバランスよく！

いよいよ始まるスピーキングテスト

中学校の授業でどれくらい話せるようになったかわかる！

英語力向上のための学習方法に役立ちます！

スピーキングの
部分点は
全体の
2%弱
スピーキング
5教科
合否のボーダーラインにいるときはこの2%が意味を持つのじゃ

都立入試で落とすために導入されるのではない

テストの結果を都立高校入試に活用するのは、この第一義に従って生徒の高校での学習につなげることが目的だというわけです。高校でも中学校でも、スピーキングテストの結果をもとに改善され、さらによりよい英語の授業がめざされます。

都立高校の入試に関連づけることによって、日本人が弱いとされる英語のスピーキングに、生徒に本気で取り組んでほしいという狙いが、都教委にはあると本誌ではみています。

確かに、これまで都立高校入試では「聞く」「読む」「書く」は評価してきましたが、英語で「話す」ことは取り残されてきました。来年度からはスピーキングテストの結果スコアが入試での得点に加味されます。

しかし、後述しますが、5教科の総得点のうち英語で「話す」部分点は最大で2%にすぎません。スピーキングテストは、都立高校入試で受検生を「落とすため」に導入されるのではなく、「英語で話すこと」に積極的になってほしいという都教委の姿勢が現れたものと理解していた方がよさそうです。

ただし、そうはいっても入試で、もしも合否のボーダーラインに立つことになった場合は、スピーキングテストの結果も意味を持つことになります。

スピーキングの極意は積極性にあるといわれます。ミスがあってもいいので、どんどん口に出して話すことが、まず必要です。そのことがわかれば中学2年生、1年生のみなさんにはまだまだ習得のチャンスがあります。普段、中学校の授業で行っているペア・ワークやグループ活動、スピーチやプレゼンテーション、教科書の「音読」などに積極的に取り組むことが第一歩です。

スピーキングの極意

積極的に口に出すべし!!

ミスを恐れずに
積極的に
取り組もう！

さらに進むグローバル化

ビジネス

協働

多様性

研究

さらに高まる英語へのニーズ

いまから英語に慣れて
おくことが必要じゃ

大学入試で英語の力は4技能がやっぱり必要

ここまで、都教委が考えているスピーキングテストの「必要性」についてお話ししてきました。では次に、現在中学生のみなさん自身が考えておかなければならない「必要性」にも触れておきましょう。

これからみなさんが挑んでいく世界は、さらにグローバル化していくはずです。それもこれまで以上のスピード感を持って進むはずです。

国内の企業でもユニクロ・GUなどで知られるファーストリテイリングや楽天など、社内の公用語を英語にするところが多くなっています。その理由を、ファーストリテイリングの柳井正社長は「英語が話せないと将来ビジネスができなくなる」という危機感からだと言っています。

多様性を広く認めようとする気運は今後さらに高まり、みなさんが社会に出るころには、国内であっても外国人とふれあい、協働して研究やビジネスを展開せねばならない社会になっているでしょう。

英語へのニーズは、みなさんの保護者の時代と比べれば圧倒的に高くなります。

これらのことから大学入試でも英語は強く意識されています。2年前から始まった大学入学共通テストでは、民間の検定試験を導入してまで、英語の4技能すべてを試そうとしていました。結局うまくいかず、いまでも2技能を測るにとどまっていますが、リスニングの配点を従来の倍にするなど、活用に重点をおいた内容へと変化しています。

英語における大学入試の変化は、大学での学び自体が英語を理解できないと展開できない現実が起こっているからです。理系の研究はもちろん、文系の調べごとやレポート、論文でも英語は必須のアイテムとなっています。大学院だけでなく講義がオールイングリッュで行われる大学も出てきています。

2004年に導入されたスピーキングテストでは

個室で1対1の対話方式

受験生の待ち時間

面接官の負担

様々な理由から3年で取りやめとなったのじゃ

改善

今回のスピーキングテスト

タブレット端末を使用した録音方式にすることで問題点を解消！

評価方式は6段階、都立高校入試の出願時に記載されます

ですから、中学校の段階でもっともっと英語の実力をつけておく、というのがこれからの中学生の姿です。4年後、5年後に迎える大学受験を考えたときに、リスニングやスピーキングなど活用を重視した英語力を蓄えておくことがとても大切になります。

東京都でのスピーキングテストの導入は、このような現実のうえに練られてきたものだということを理解しておきましょう。ここで述べた必要性は東京都だけにとどまるものではありません。スピーキングテストは、今後、ほかの道府県にも波及していくことが十分に考えられます。

11月27日に初めて実施へ 岩手での対面方式を教訓に

さて、初めてのスピーキングテストは、11月27日（予備日12月18日）の日曜日に都内の公立中学校3年生約8万人を対象に実施されます。結果は6段階で評価され、来年2月に行われる都立高校入試の出願時に調査書に記載されることになります。

インフルエンザ罹患など病気やけがで指定日にテストを受けられなかった場合や、他道府県や私立中学校所属でテスト未受検の受検生は、英語の筆記試験の点数が同レベルだった受検生のテストの平均点と同じ点を取ったとみなして評価します。

じつは、公立高校入試に英語スピーキングテストを導入しようとしたのは、今回の東京都が初めてではなく、過去、岩手県が2004年にスピーキングテストを導入しています。しかし、個室で面接官が受検生1人ひとりと対話する方式だったため、受検生の待ち時間が長くなってしまい、面接官の負担も重く、わずか3年で取りやめとなった経緯があります。

こうしたことから、都教委は受検生にタブレット端末を配付して、それぞれの画面上に問題を表示し、答えを録音してもらう方法を採用しました。出題内容は都教委主導で民間の会社が作成しています。タブレット端末にはイヤホンとマイクがつながれており、さらにイヤホンの上に「イヤーマフ」と呼ばれる防音具をつけ、周囲の声が聞こえないようにします。

生徒がタブレット端末で録音した解答の音声を、問題を作成した民間の会社に委託してフィリピンで採点されます。発音やイントネーション、文法が正しいかなどをふまえて6段階の得点になります。

評価は0点（評価F）、4点（E）、8点（D）、12点（C）、16点（B）、20点（A）の6段階です。

都教委では、2019年度からプレテストを行い、受検者を徐々に増やして昨年は6万4000人の中学3年生（今春卒業）が受け、まさに実証実験ともいうべき期間を過ごしてきました。しかもコロナ禍のため、準備期間は1年延びて、ウォーミングアップ十分での本番となります。

「英語で話す」を自分のものに 都立高校入試への影響は2%

結びに、みなさんの関心の的である都立高校入試でのスピーキングテストの重みについて考えてみます。

都立高校の多くが採用している学力検査点と調査書点が7：3の比の場合、学力検査の得点（500点満点）を700点満点に換算、調査書点（65点満点）を300点満点に換算し合わせて1000点満点、これにスピーキングテストの得点(20点満点)を加えたものが、その生徒の点数になります。

ですからスピーキングテストが満点の20点でも、全体が1020点満点ですから、スピーキングテストの重みは2%弱という計算になります。

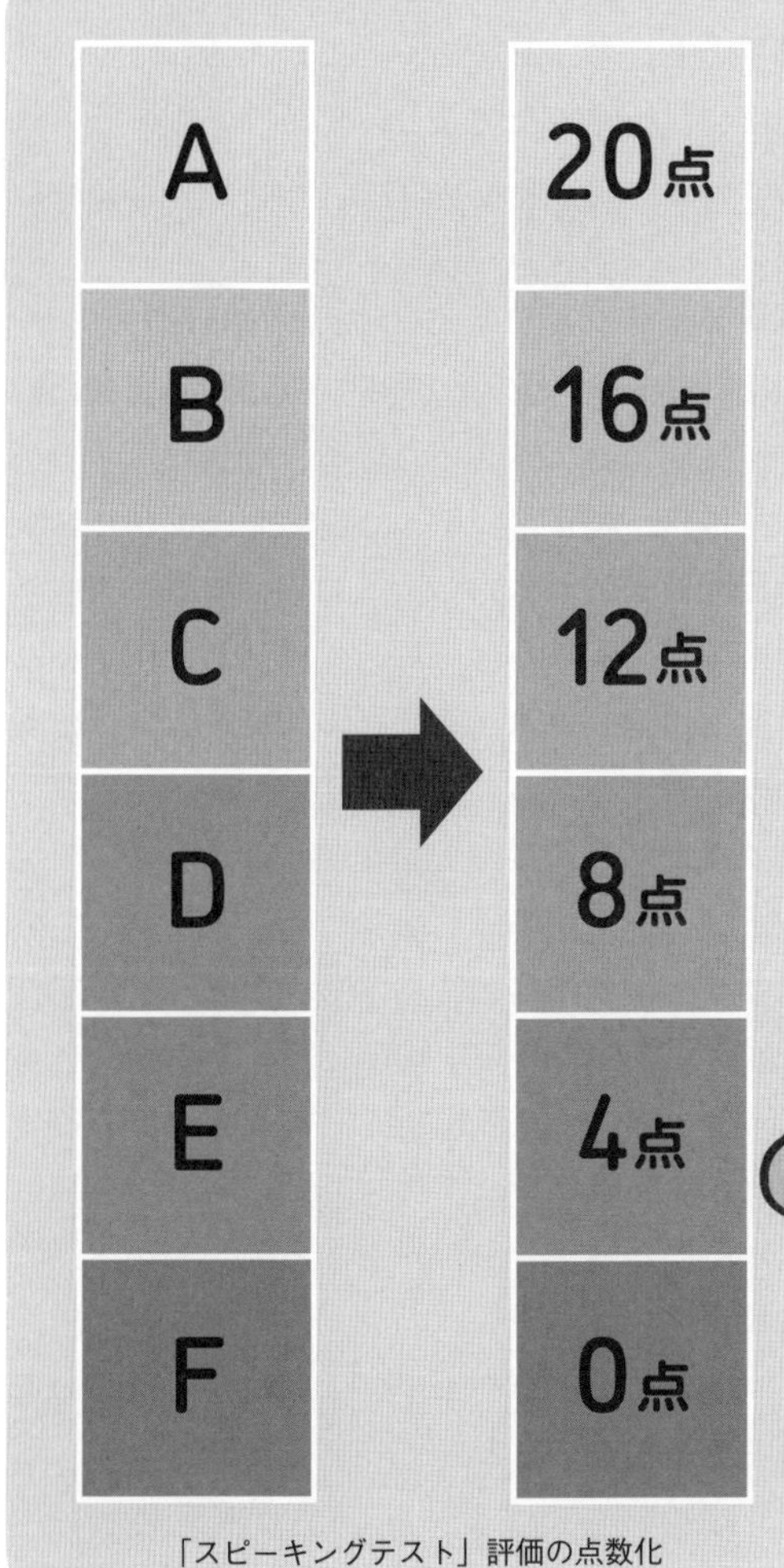

「スピーキングテスト」評価の点数化

防音用イヤーマフをつけるのでほかの人の声は聞こえないよ

受験生のための
明日へのトビラ

受験生にとって、入試に関する最新情報に敏感になることは非常に大切なことです。このページでは「明日へのトビラ」をコーナー名として、受験生に寄り添った情報をお届けしています。保護者にとっても、知って得する首都圏を中心とした受験情報を集めています。今月号では東京都立高校の来年度入試に関する重要ニュースが中心となりました。

NEWS

東京　都立全校でインターネット出願 手続きが複雑なので事前準備を

東京都教育庁は9月22日、2023年度の都立高校入試実施要綱を公表した。

おもな日程は、推薦に基づく選抜（推薦入試）が2023年1月12日～18日に願書受付、同26日と27日に検査実施、2月2日に合格発表。

学力検査に基づく選抜（一般入試）は、第一次募集と分割前期募集が2月1日～7日に願書受付、同21日に検査実施、3月1日に合格発表。

分割後期募集と全日制第二次募集（インフルエンザ等追検査）が3月6日に願書受付、同月9日に検査実施、15日に合格発表を行う。

同追々検査は3月27日。

（ここまで本誌夏増刊号既報）

インターネット出願の全校実施は初

おもな変更点として、出願手続きについて、推薦入試、一般入試ともにインターネット出願を全校で初採用したことが注目される。

前年度20校で試行実施した方法を、2023年度より全校での実施に拡大する。

都立高校のインターネット出願は、私立高校の同様の方法とはかなり異なり、インターネットでの願書提出だけでは完了しないので、注意が必要だ。

前年の試行20校でも「志願先変更の手続き」などが複雑で混乱があった。今後公表される「インターネット出願の手順」を熟読しておく必要がある。

【2022年度に試行された方法】

1　志願校の出願サイトにアクセスし、出願に必要なアカウントを登録する。

2　顔写真データ（JPEG形式またはPNG形式）を用意し、出願サイトのマイページから顔写真を登録する。

3　志願者は入学願書に記載する情報をインターネット上の出願サイトに入力し、入力内容について中学校で事前確認を受ける。確認を受けたあとに出願サイトの案内に従って入学考査料の決済を行い、出願申し込みを確定させる。

4　出願サイトから入学願書を印刷して保護者に署名してもらい、中学校の確認を受ける。

5　出願サイトの書類提出画面から、出願サイトで作成した入学願書のPDFファイルをアップロードする。自己PRカードなどの書類を提出する必要がある場合には、書類をPDF形式またはJPEG形式に変換し、書類提出画面からアップロードする。

6　中学校が高校に調査書などを郵送することで出願が完了（出願した内容について、高校から確認の連絡がくる場合もある）

7　受検票は、指定日以降に出願サイトからダウンロードして、自分で印刷して受検日に持参。

東京　都立高校のインターネット出願では志願変更の手続きがかなり複雑

右ページでお知らせした来年度入試で採用される都立高校のインターネット出願だが、ご覧いただいたように、かなり複雑なもの。受験生、保護者一体となって取り組むことが必要になる。

前年実施の試行20校の例で、最も多く問い合わせがあったのが「志願先変更」だった。

志願先変更のうち、「取り下げ」はネット上では実施されず、紙の志願先変更願いを中学校から受け取り、すでに志願している高校に持参、取り下げを認めてもらい、提出してある入学願書や調査書、受検票などを受け取る。そして、今度は変更志願先の高校にネット上で再提出する。その後、取り下げ時に紙で返却された出願書類すべてを、再提出先の高校へ直接持参する。

※ただしこの情報は、前年度試行20校についてのものなので2023年度については、今後、出願に関するリーフレットやQ&Aなどが公表される。必ず、新たな情報を確認してほしい。

【出願先変更に関する2022年度の情報】

【取り下げ】

初めの出願先への志願を取り下げるには、紙の志願変更願いを中学校の先生から入手して作成し、中学校の確認を受けたあと、指定の取り下げ日の午前9時から午後3時までの間に出願した高校に持参する。取り下げ時には、その高校から調査書、入学願書、受検票などを紙で受け取る。

【再提出】

新たな出願先の高校に、出願手続きしたときと同様に出願サイトで出願情報を入力し、再提出を申し込む。

再提出時には中学校の確認を受ける必要はない。

再提出申し込みの完了後、指定の再提出日の午前9時から正午までの間に、取り下げ時に紙で返却された出願書類すべてを、再提出先の高校に持参する。

再提出が受け付けられると、指定日以降に出願サイトから受検票をダウンロードできるようになるので、自分で印刷して、受検日に持参する。

（編集部より）以上のように「志願先変更」はかなり複雑で面倒なものになりますが、その反省もふまえて来年度は改善点があるかもしれません。東京都教育委員会のHPを必ず確認してください。いずれにしても、あくまで合格が目標だということを忘れず、最後までチャレンジしましょう。

【合格発表】

出願校ごとの合格発表サイトで、個別のIDとパスワードを入力することにより、個別に合否の確認ができる。

（注）都立高校合同の合格発表サイトではない。1月中旬ごろからページを表示することができる。

あの学校の魅力伝えます
スクペディア No. 88

錦城(きんじょう)高等学校

東京都　小平市　共学校

所在地：東京都小平市大沼町5-3-7　生徒数：男子693名、女子769名　TEL：042-341-0741　URL：https://www.kinjo-highschool.ed.jp/
アクセス：西武新宿線・西武拝島線「小平駅」徒歩15分、JR中央線「武蔵小金井駅」・西武池袋線「東久留米駅」バス

高校単独校としてさらなる高みへ

錦城の新入生は全員が同じスタート

東京・小平市にある錦城高等学校（以下、錦城）。大学も中学校も附属しない完全な高校単独校です。附属校がないということは、中学からの内部進学生もいません。錦城では、高1の生徒全員が入学時から同じスタートラインに立ち、高校生活を始められるのです。

「国際社会に通用する人間づくり」と「実学の徹底」を建学の精神に、「知性」「進取」「誠意」を校訓に掲げ、高校3年間で大きく成長することをめざす錦城。大学入試を見据えた学力の育成はもちろん、部活動や行事などにも力を入れることで、心と身体の成長も重視しています。高校単独校としてさらなる高みをめざす錦城の教育をご紹介します。

進路別のコースでめざすは現役合格

生徒全員が大学進学をめざす錦城では、高校3年間でそれぞれの希望進路に必要な学力を養うカリキュラムの構築と、親身な学習指導を行っています。

目標とする進路に沿って「特進コース」と「進学コース」に分かれる2コース制が特徴です。国公立大学への現役進学をめざす「特進コース」は、レベルの高い授業で応用力を養います。高1の3学期は1年次の内容の演習に、そして高3の2・3学期は大学入試問題演習に取り組むなど、演習に時間を多く割くカリキュラムが魅力です。また、高3からは進路に合わせて「特進英語」「特進文理」「特進理数」の3つに分かれ、個々の希望進路をさらに見据えた授業を展開します。

4年制大学への現役進学をめざす「進学コース」は、丁寧な授業で基礎学力を培うコースです。高2で文系と理系に分かれ、高3ではさらに「文系Ⅰ類」「文系Ⅱ類」「理系」に分かれます。高3では2学期のなかばから3学期にかけて大学入試問題演習も行うので、入試対策もばっちりです。

さらに、大学出張講義、学部説明会、大学説明会など、学習指導と並行して実施する進路探究も充実。自分の進路と向きあう機会を多数用意しています。錦城は、高校単独校の利点を活かし、バランスのとれた学校生活を通して未来を創造する力を育む学校です。

あの学校の魅力伝えます
スクペディア No.89

日本大学第二高等学校

にほんだいがくだいに

東京都　杉並区　共学校

所在地：東京都杉並区天沼1-45-33　生徒数：男子641名、女子635名　TEL：03-3391-0223　URL：https://www.nichidai2.ac.jp/
アクセス：JR中央線・地下鉄丸ノ内線「荻窪駅」、JR中央線「阿佐ヶ谷駅」徒歩15分

自己肯定力の高い人材を輩出

杉並の閑静な住宅街のなかに、広大な敷地を持つ日本大学第二高等学校（以下、日大二）。「おおらかであかるい」校風のもと、生徒たちは伸びのびと過ごしています。

日本大学への進学を軸に幅広い進路選択を実現

高1の授業は、基礎学力の定着と幅広い教養を身につけることに重きがおかれているのが特徴です。そのため、授業のスピードについていけなくなってしまう、という心配もなく、苦手科目の克服と得意科目の伸長を同時にめざせます。高2・高3では2022年度からの新しい教育課程に合わせて編成された新コース「人文社会」「理工」「医療」の3つに分かれて学習を進めます。

各コースで行われる授業は、受験科目に偏らず、文系・理系の壁を越えて幅広い知識と教養を修めると同時に、日大二がめざす「多様な進路選択・目標実現・自己実現」を、より深化させる内容になっています。

例えば文系のコースである「人文社会」でも高3の選択科目として「数学基礎・理科基礎演習」などを、理系のコース「理工」では「国語演習・日本史探究」なども設けています。

長期休暇中には授業内容の復習から発展問題を扱うものまで、様々な講習が開講されます。なかでも注力しているのが、高3の夏期講習です。毎年50講座以上用意され、生徒の多様なニーズに応えるため、受講者が1人でもいれば開かれます。

また、「一人ひとりの幸せを探して」をモットーに行われる進路指導では、「自己肯定力」（自分のあり方を見つめ、前向きに生きる力）の高い人材の育成をめざしています。

高1から「一日医師体験・一日看護体験」（希望者対象）や「日本大学各学部進学説明会」、「卒業生による受験体験講話」など、様々な取り組みが行われ、生徒たちは日本大学への進学を軸に、国公立大学や難関大学への進学も視野に入れながら自分自身の将来をじっくりと考えます。

さらに、毎年配付される『進路の手引き』には大学入試に関する情報や卒業生の体験記などがまとめられており、生徒たちの進路選択の寄りどころになっているのです。

生徒1人ひとりの幅広い進路選択に対応するため、多彩な取り組みを行う日大二。生徒たちは学校生活のなかで進路実現のために必要な能力を養い、社会へ羽ばたいていきます。

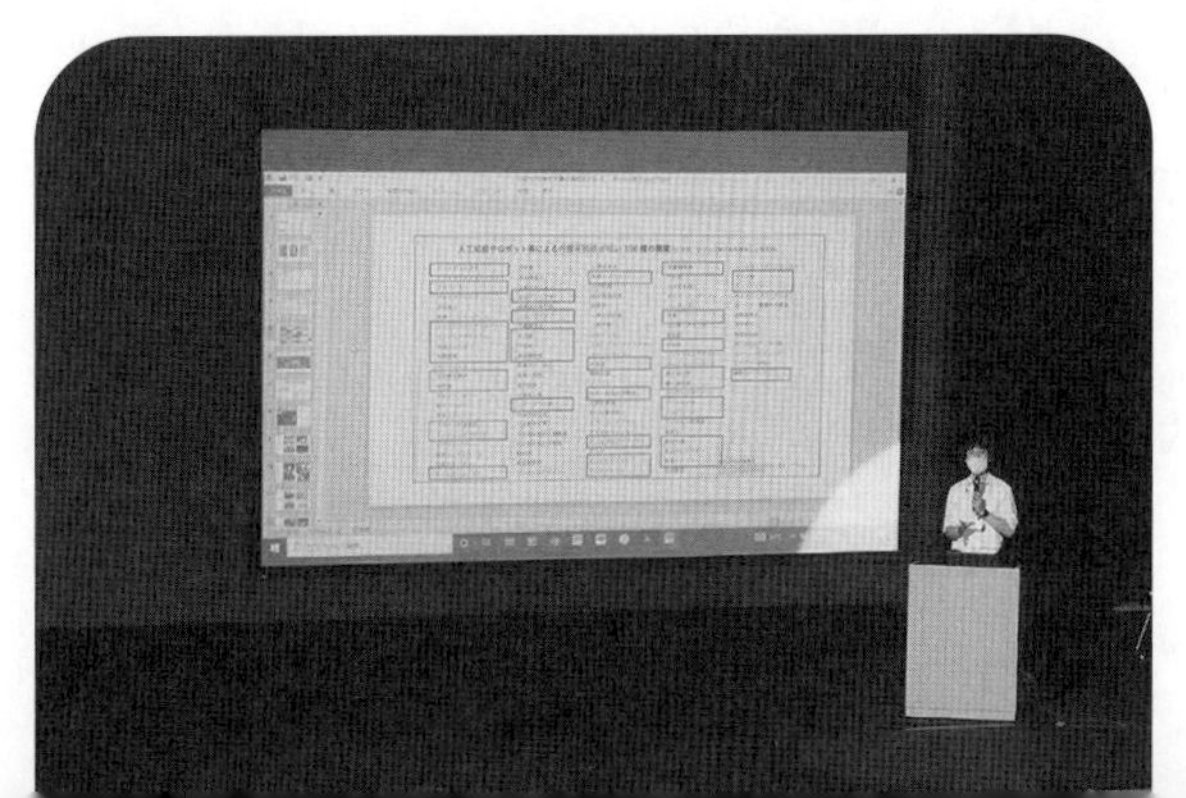

あの学校の魅力伝えます
スクペディア No. 90

山手学院高等学校

神奈川県　横浜市　共学校

所在地：神奈川県横浜市栄区上郷町460　生徒数：男子734名、女子759名　TEL：045-891-2111　URL：https://www.yamate-gakuin.ac.jp/
アクセス：JR京浜東北線・根岸線「港南台駅」徒歩12分

未来を切りひらく力を身につける

「世界を舞台に活躍でき、世界に信頼される人間」の育成をめざす山手学院高等学校（以下、山手学院）。すべての生徒に対し、直接「世界」へ飛び込む機会を与えることをモットーに、独自の国際交流教育を展開する学校です。

例年4月に開催される「北米研修プログラム」には、高2の生徒全員が参加してカナダやアメリカの都市を訪問します。2人1組でホームステイを行い、日本の文化を紹介したり現地の学校行事に参加したりしながら、英語を使ったコミュニケーション能力を磨いていきます。また7月になると、今度はホームステイ先の生徒を日本に迎える「リターン・ビジット」が開催されます。これらの機会を通して、生徒は海外の習慣や風習に親しみ、異文化を理解する素養を身につけていきます。

20年後の世界で活躍する人材を育成

このように国際基準の視野を育てることを重視している山手学院。近年は高1を対象に、GLP（Global Leader Program）と呼ばれる新たな国際教育プログラムを実践しています。GLPは生徒の非認知能力を育成することを目的に開始されたもので、Society5.0※の未来を生き抜く力と協働力を養います。

「北米文通プログラム」や「Pythonプログラミング」などの英語やプログラミングの能力を伸ばす授業のほか、「ジェンダー平等について考える」「循環型まちづくりのしくみを考える」などの、よりよい社会を作るための視点を培うプログラムも充実しています。山手学院はGLPの学習によって、生徒たちに20年後の世界で活躍する人材「Change Maker」となることを期待しています。

入学後は入試の成績によって「進学コース」と「特別進学コース」に分かれて学習を進めることになります。自らの可能性に挑戦する姿勢を持ってほしいという思いから、進学コースの高1生を文系・理系に分けることは行っていません。担任と面談を繰り返し、各々の適性を見極めた上で高2から文理に分かれ、大学入試突破への力を養います。特別進学コースは難関国公立大学進学を目標として、高1から着実に実力を伸ばしていける環境が整っています。

複雑多様化する社会を前に、山手学院は未来を作る力を持った次世代のリーダーを育てていきます。

※Society5.0　情報社会（Society4.0）をアップデートした、人が互いを尊重し、いきいきと快適に暮らせる「超スマート社会」のこと

あの学校の魅力伝えます
スクペディア No. 91

多摩大学目黒高等学校

東京都　目黒区　共学校

所在地：東京都目黒区下目黒4-10-24　生徒数：男子517名、女子264名　TEL：03-3714-2661　URL：https://www.tmh.ac.jp/
アクセス：JR山手線・東急目黒線・地下鉄南北線・都営三田線「目黒駅」徒歩12分

社会とのかかわりを通じ、主体的に学ぶ力を育成

生徒と教員の深い信頼関係のもと、それぞれの自主性を重んじる教育を行う多摩大学目黒高等学校（以下、多摩大目黒）。クラスはG-MARCHレベルの大学現役合格をめざす「進学クラス」と、難関国公立大学および難関私立大学現役合格をめざす「特進クラス」の2つです。ともに高1では基礎・基本の徹底を重視し、知識の土台を築き上げることを目標とします。この土台を足がかりに、高2・高3では豊富な選択科目を組みあわせ、入試に直結する学習に取り組みます。

学習支援の施設として「SSL(Super Students Learning Center)」があります。指導員が常駐し、確認テストなどの結果から、生徒1人ひとりに合った学習計画を提案してくれます（一部有料オプション）。毎日の勉強を学内で完結させるこれらの強力なサポート体制で、予備校に行かずとも、難関大学合格をめざせます。

社会に、そして世界に本物に触れる機会を多数用意

大きな魅力の1つが、多摩大学との密接な高大連携です。多摩大学はアクティブ・ラーニングのプログラムが充実しており、このつながりを軸に国際交流、地域振興などの社会活動に参加することが可能です。例えば、「起業体験 Study Group」では、日本政策金融公庫が主催する起業セミナーに参加し、新商品の開発を行います。「アジアダイナミズム Study Group」では、韓国の済州島で行われる国際経済フォーラムに参加し、経営経済の最前線の議論を目にします。このような経験を通して、学生たちは知識の必要性を痛感し、普段の学びにも意欲的に取り組むようになるといいます。

国際教育では語学研修・留学制度（希望者）があり、アメリカ、カナダ、ニュージーランドと3年間で最大3カ国を訪問できます。同じ英語圏でも複数の地域を訪れることで、英語力の向上のみならず、文化の多様性を肌で感じることができます。「国際交流室」には2名のネイティブ教員が常駐しており、いつでも研修や留学の相談ができます。提携校への長期留学の場合、卒業年次を遅らせずに卒業できるなど、留学前後のバックアップも魅力です。

学内での勉強と同時に、実社会での経験も重ねられる多摩大目黒。高校生のうちから、社会に飛び出していきたい人にはぴったりの学校です。

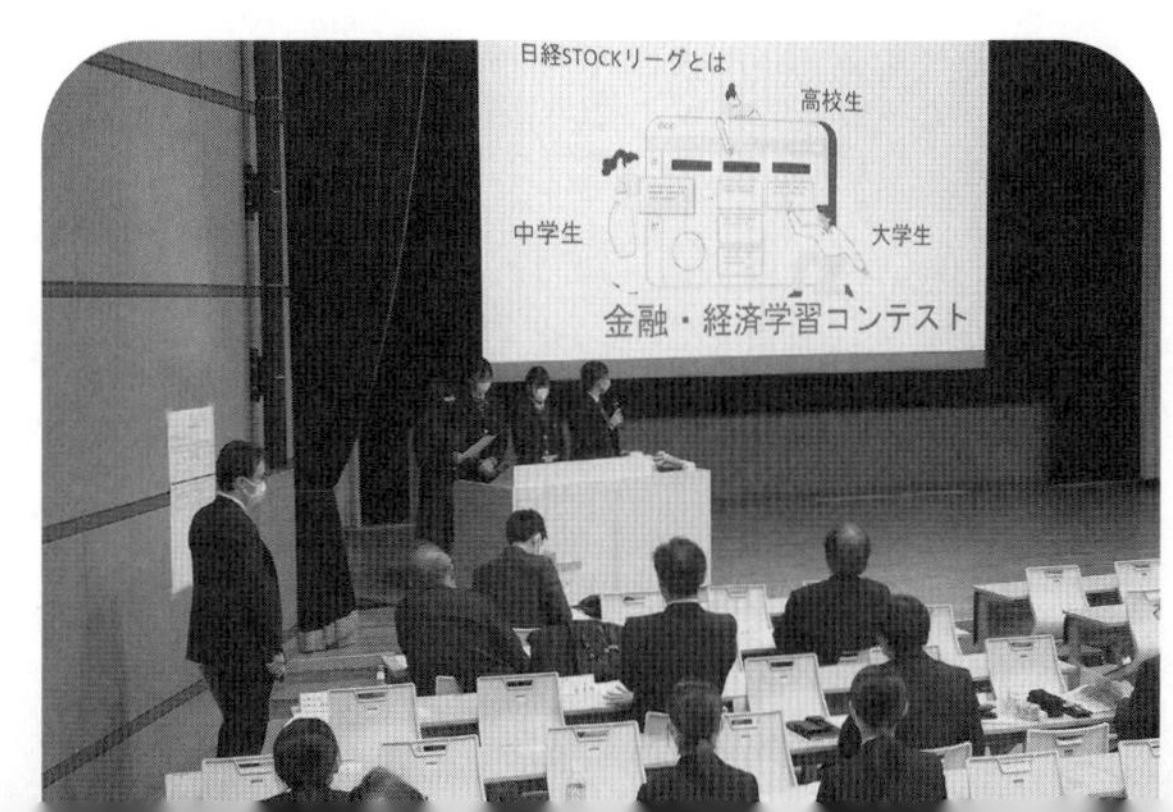

君はもっとできるはずだ

修徳(しゅうとく)高等学校 ［共学校］

School Information

住所：東京都葛飾区青戸8-10-1
TEL：03-3601-0116
アクセス：JR常磐線・地下鉄千代田線「亀有駅」徒歩12分、京成線「青砥駅」徒歩17分
URL：http://shutoku.ac.jp

◆学校説明会（予約不要）
11月19日㊏　11月26日㊏
◆クラブ体験練習（TEL予約制）
直接クラブ顧問が体験練習の日程を調整いたしますので、お電話にてご連絡ください。TEL：03-3601-0116

徳育・知育・体育のバランスのとれた三位一体教育を実践する修徳高等学校。生徒たちの熱意を応援し、勉強だけでなく、クラブ活動や学校行事などにも積極的に取り組める環境が整っています。

進路目標の実現に向けた文武一体教育

修徳高等学校（以下、修徳）では、高1より「特進クラス」と「文理進学クラス」の2クラスを設置し、生徒の目標に合わせたクラス別教育プログラムを実施しています。

「特進クラス」は、高1から大学入試を意識したハイレベルな授業を展開し、それぞれの目標に向かってモチベーションを高めていきます。そして高2からは文理選択授業となり、一般選抜入試の対策演習を繰り返し行うことで、国公立大学や難関私立大学への現役合格をめざします。

「文理進学クラス」は、勉強とクラブ活動の両立を図る文武一体のバランスの取れたクラスです。自己の適性に合った第一希望の大学を目標に、一般選抜をはじめ学校推薦型選抜や総合型選抜など、近年多様化する入試制度を活用して進路実現をめざしていきます。

バドミントン部の活動の様子

「文理進学クラス」の授業風景

プログレスセンター

バラの手入れをする「科学班」

また、文武一体教育をめざす修徳ならではの施設も充実していて、校舎と隣接する3階建ての体育館には、アリーナと柔道場、剣道場が整備されています。また、メイングラウンドは表面温度の上昇を抑えるクール人工芝を使用した本格的なサッカーグラウンドで、周辺には熱中症対策のためのミストシャワーを設置するなど、生徒の健康面にも配慮した施設が整っています。

大学受験のためのプログレス学習センター

修徳が誇る学習施設が、校舎に隣接する3階建てのプログレス学習センターです。2014年に大学受験専用学習棟として建設され、高1から高3まで自学自習の拠点として幅広く活用されています。

1階には、80席の独立した自習席があるプログレスホールや生徒の学習相談、進路指導を行なうカンファレンスルームなどがあります。

2階は、壁面の色が、集中力を高めるブルー、理解力を高めるイエロー、リフレッシュ効果のあるグリーンの3つの講習室に分かれていて、生徒はその日の気分に合わせて講習室を選択し、放課後プログレスやハイレベル講習を受講しています。

3階には多くの大学選抜過去問題集や参考書がそろえてあり、自由に閲覧することができます。また、友人と教え合いながら勉強できるスペースにもなっています。さらに、グループ学習のためのコモンルームや気分転換ができるカフェラウンジもあり、生徒たちはそれぞれの目的に合わせて利用しています。

「1階から3階の施設全体で約350席の自習席があります。普段は毎日200人ぐらいが利用していますが、定期試験前はすぐに満席になります。IDカードで全生徒の入退室を管理することで、大学受験を控えた高3生には優先的に席が割り振られるようにしています。土曜日も夜9時まで利用でき、学習をサポートするチューターが常駐していますので、気軽に質問や相談をすることができます」（小笠原健晴教頭）

生徒同士の交流が広がる「総合文化部」を新設

野球やサッカーなど全国レベルのクラブ活動が有名な修徳ですが、初心者でも安心して参加できるクラブ活動が、いま人気となっています。その1つが「バドミントン部」です。週3日程度の活動で勉強との両立がしやすいため、在籍する部員はすでに100名を超えています。

また、今年度から個々に活動していた文化部を「総合文化部」として1つの部に統合しました。例えば、科学部を科学班、家庭科部を家庭科班、図書部を図書班などとし、興味がある班に自由に参加できるようにすることで生徒同士の交流が広がるようにサポートしています。

「家庭科班では、調理や裁縫だけでなく、本格的な保育体験ができますので、将来、保育園や幼稚園の先生をめざしている生徒に大変好評です。本校には強豪といわれるクラブもありますが、初心者でも参加でき、勉強と両立できるクラブ活動が多くあります。クラブ体験練習を随時実施していますので、興味のあるクラブがありましたら、ぜひ一度、体験してみてください」（小笠原健晴教頭）

世界へ羽ばたく「国際コース」の魅力

佼成学園女子高等学校

昨年度より、文部科学省認定の「SGHネットワーク」校となり、国際理解教育および外国語教育の水準のさらなる維持向上をめざし日々奮闘する佼成学園女子高等学校（以下、佼成女子）。

次では、看板コースでもある「国際コース」に設置された留学クラスとスーパーグローバルクラスの特色を紹介します。

留学クラスの特色

佼成女子が実施する「クラスまるごと1年留学」は、今年で20年目を迎えた実績のある留学制度です。現在は、「国際コース」のなかの留学クラス（SAクラス）として、高1の1月から高2の12月まで、クラス全員がニュージーランドの提携校に1人～2人ずつに分かれて留学する形で実施されています。現地では、1家庭に1人ずつホームステイをしながら高校に通学し、現地の生徒やほかの国の留学生と一緒に授業を受けるほか、クラブ活動や課外活動にも積極的に参加しています。

佼成女子のSAクラスの特長は、徹底した事前教育と手厚い留学サポートにあります。高1から英語ネイティブ教員が副担任につき、プレゼンテーションやディスカッションといった表現活動を重視した英語の授業を週10時間行います。留学時には英検2級以上を取得しなければならないため、授業以外にもオンライン学習や英検対策などで徹底した英語教育が実施されます。また、7月、8月、12月に行われるクラス全員参加の事前合宿では、OGによる体験談を聞き、留学中に困ったときの対応方法などを事前に学び、クラス内の人間関係を深めていきます。

留学中のサポートも手厚く、現地到着時に行われる3泊4日のオリエンテーション合宿では、ATMの使い方や生活面の注意点などを確認し、それぞれの留学先へ分かれていきます。そして3～4月には佼成女子のスタッフが現地の学校を1校ずつ訪問、7月には留学生徒全員で合宿を行い、みんなの悩みを共有します。また、現地アドバイザーが24時間体制で様々な生活面の問題をサポートしてくれるため、生徒たちは安心して留学生活を送ることができます。

また、SAクラスでは、英語の修得や異文化体験だけでなく、現地での探究活動にも力を入れています。それぞれの課題研究のために様々な

スーパーグローバルクラス・タイフィールドワーク

フィールドワークを行い、英語論文にまとめていきます。そして留学の集大成として帰国前の2週間、シドニー大学で実施される研修において、探究学習の総まとめを行い、大学の先生や生徒の前で研究論文を発表します。

帰国後は、英検1級をめざす生徒も多く、留学で身につけた英語力と人間力で、難関大学へ多くの合格者を出しています。２０２２年度は、早稲田大学2名、慶應義塾大学1名、上智大学14名の合格者を出しており、それぞれの目標に向かって世界へ羽ばたいています。

スーパーグローバルクラスの特長

佼成女子のスーパーグローバルクラス（ＳＧクラス）は、国際的に活躍できるグローバル・リーダーを育成する「スーパーグローバルハイスクール」として活動した5年間の実績をもとに設置された、佼成女子の看板クラスの1つです。通常の授業は「特進コース」と合同で行われていますが、英語の授業はＳＧクラスのみで行われていて、プレゼンテーションやディスカッションを中心にハイレベルな授業を展開しています。

また、放課後には国際文化を学ぶ授業や英語4技能を強化するための特設英語授業、高大連携を進める大学の学生とのワークショップの実施など、高2から始まる海外フィールドワークに向けて国際理解力を高めるための取り組みが行われています。

そして、ＳＧクラス最大の目的が、課題解決力の育成です。全員が個々に定めた課題研究に取り組むため、その調査手法の基礎を高1から学んでいきます。さらに高2のタイ・フィールドワーク、高3のロンドン大学ＳＯＡＳ校での研修と普通の高校生では経験のできない貴重な体験を重ねていきます。

高2の夏に実施されるタイ・フィールドワーク（約2週間）では、タイ北部の山岳民族カレン族の村での生活体験、ミャンマーやラオスとの国境地帯の見学、現地名門女子校との交流、そしてバンコクのスラム街で支援活動を行うＮＧＯの訪問など、自ら設定した課題研究テーマに基づいて調査・分析を進め、帰国後に日本語論文にまとめていきます。

そして高3の春に、課題研究の集大成として、ロンドン大学研修（約6週間）を実施します。この研修では、大学の教授らによるアカデミックライティングの実践型授業や貧困・開発・難民などに関する講義などもあり、個々の調査・研究成果を英語論文として完成させていきます。これまでの研究テーマには「若者の薬物乱用防止」「インクルーシブ教育」「児童養護施設退所後の社会的孤立の防止」などかなり専門的な研究があり、高大連携を進める大学側からも高い評価をもらっています。

ロンドン大学SOAS校での研修

ＳＧクラスは、高2から理系・文系を選択できるため、幅広い進路選択が可能なクラスでもあります。今年度も一般入試だけでなく、総合型選抜入試や学校推薦型選抜入試を利用して、G-MARCHレベル以上の難関大学へ80％以上が進学しています。

佼成学園女子高等学校〈女子校〉

所在地：東京都世田谷区給田２－１－１
TEL：03-3300-2351
アクセス：京王線「千歳烏山駅」徒歩５分

学校説明会（要予約）
11月26日(土)

夜の入試個別相談会（要予約）
11月16日(水)

出願直前個別相談会（要予約）
11月29日(火)　12月 1日(木)
12月 5日(月)　12月 7日(水)

知性　進取　誠意

個別相談会（本校にて実施）（要Web予約）

11月19日（土）14:00〜17:00

11月26日（土）14:00〜17:00

※オンライン説明会に参加された方を対象としております。
ご参加されたオンライン説明会の後に開催されます個別相談会をご予約下さい。

※埼玉県の公立中学校に通う受験生の方は当個別相談会の参加が必須となります。

2023年度　入試予定

	推薦入試	第1回 一般入試	第2回 一般入試
募集人員	男女150名	男女　270名	
コース	進学コース 150名	特進コース50名 進学コース220名	
試験日	1月22日（日）	2月10日（金）	2月12日（日）
選抜方法	推薦書・調査書・作文・面接	調査書 学科（国・数・英） 面接（第一志望者）	調査書 学科（国・数・英）

錦城高等学校 男女共学

〒187-0001 東京都小平市大沼町5-3-7　TEL 042-341-0741
https://www.kinjo-highschool.ed.jp/

お役立ちアドバイス！

受験生へのアドバイス

進学校で部活動に入部した場合、勉強と両立することができるかどうか不安に思っている受験生の方へ

両立は可能だと思います。部活動では活動してみて初めて得られるメリットもあります。

Advice

高校には、中学校にはなかったような魅力的な部がたくさんあり、その内容は中学校とは質的にも量的にも少し異なる面が多いのは確かです。全国大会への出場をめざすような学校の場合などは、当然練習も内容が濃くなるでしょう。

でも､心配することはありません。進学校の多くは、一定の勉強時間をしっかり確保できるように、練習時間を調整するなどの工夫をしていますし、部活動と勉強をすでに両立している先輩たちが目の前にいるので、安心して部活動に参加できるはずです。

また、毎年、難関大学に多くの合格者を出している学校では、部活動を引退する３年生初めまでしっかりと活動を続けている生徒が多くいるのも事実です。先輩が進学した大学はとても身近に感じますし、大学受験に関する情報を色々と伝えてくれるので、「よし、自分も先輩と同じ大学に行こう！」という気持ちになれるでしょう。

高校は、もちろんしっかりと勉強することが一番大事ですが、自分の好きなことに思いきりチャレンジできる期間でもあります。運動部や文化部、中学時代から続けている学外のクラブなどに所属することは、必ずしも勉強面のマイナス要因になるとは限らず、むしろ色々なメリットをもたらしてくれるのではないでしょうか。

知って得する

保護者へのアドバイス

第１志望にしている私立高校の受験対策はいつごろから始めればいいのかと考えている中２の保護者の方へ

まず基礎学力をしっかり身につけてから学校別の受験対策に取り組みましょう。

Advice

私立高校では、学校ごとに個性が違うため入試問題にもそれが色濃く反映されることが多いといえます。学校によってはかなり難解な問題が出題される場合もありますので、過去問を何度か解いてみるなど志望校別の対策が必要になってきます。また、都立の進学指導重点校（青山、国立、立川、戸山、西、八王子東、日比谷）などは、独自の問題を出題していますので、やはり学校別の対策が必要になってきます。

そうはいっても、やはり大切なのは基礎・基本です。どんな難解な入試問題といえども、学校や塾で学んだ基本的な内容がしっかり身についていれば、その基礎学力を応用することで解ける問題がほとんどなのです。いいかえれば、基礎・基本を疎かにしては、高度な入試問題も正解にたどりつくことはできないということです。

したがって、中２までは志望校の受験対策をことさら意識する必要はないと思います。それよりも、学校や塾の授業を大切にして、しっかりと基礎・基本を丁寧に身につけることを心がけるようにしてください。

そして志望校対策は、お子さんの学習ペースをみながら、塾の先生とも相談し、中３になってから少しずつ始められてはいかがでしょうか。

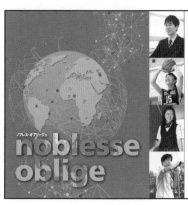

地球規模のグローバル人材を育成

光英VERITAS（ヴェリタス）高等学校

2021年４月、光英VERITAS高等学校は、地球（人・社会・自然）を守る自覚と実践力のある次世代リーダーの育成を教育目標に掲げ、新たなスタートを切っています。

【タイアップ記事】

School Data〈共学校〉	所在地：千葉県松戸市秋山600 アクセス：北総線「秋山駅」「北国分駅」徒歩10分、JR常磐線「松戸駅」・JR総武線「市川駅」バス20分 TEL：047-392-8111　URL：https://www.veritas.ed.jp/

生徒の新たな可能性を引き出す様々なプログラムを実施

地球規模のグローバル人材を育成するためには欠かすことのできない「英語・グローバル教育」。光英VERITAS高等学校（以下、光英VERITAS）では、実践的な英語能力を養うために、様々なプログラムを実施しています。

「本校の『英語・グローバル教育』は、建学の精神にも通じる小笠原流礼法教育を土台に、日本文化をしっかりと理解することが前提にあります。そして、その教養をグローバルな視点から自分の言葉で発信できるような人材を育成しようと考えています」と語る副校長の大野正文先生。

光英VERITASの「英語・グローバル教育」は、英語4技能「読む・書く・聞く・話す」の「話す」を「コミュニケーション」と「プレゼンテーション」に分け、5領域までしっかり高めていきます。英語の授業を根幹とし、総合的な探究の時間や委員会活動などを通して行う、課題発見・解決型のプログラムになっていることも特徴で、国内および海外において生徒の成長段階に合わせて実施されています。

まず国内で実施されるプログラムは、新1年生を対象にした「入学前英語研修」から始まります。ネイティブ教員との交流で英語学習へのモチベーションを高めるのが目的で、入学後は、水曜日と土曜日の朝に行う「英語多読活動」でリーディング力・リスニング力を鍛えていきます。さらにネイティブ教員による「英語CP（コミュニケーション&プレゼンテーション）」では英語劇を行い、プレゼンテーション力を磨きます。そして夏休みには「フィリピンメソッド」という5日間英語漬けのプログラムを実施し、海外留学に対応できる英語力を身につけていきます。

連携プログラムの例

- ●早稲田大学 ICC（異文化交流センター）との連携
- ●オンライン交流
  - ・オーストラリア Moruya High School
  - ・台湾 新民高級中学
  - ・台湾 弘文高級中学
    - ※「高級中学」とは日本における高等学校に該当
  - ・マレーシア・日本フェスティバル参加
- ●外務省高校講座
- ●JICA出前講座

豊富な国内・海外留学が魅力！

「本校では、3年間でしっかりとした英語力を身につけられるようにプログラムを組んでいます」と語る大野副校長。光英VERITASとなって新たに始まった国内留学プログラムも充実しています。早稲田大学のIntercultural Communication Centerと連携したプログラムでは、早稲田大学に在籍する世界各国の留学生と交流することで国際理解を深めていきます。さらに台湾の学校との「ペンパルプログラム」、オーストラリア・モルヤハイスクールとのオンライン文化交流も昨年から始まったもので、礼法室から浴衣を着て日本文化を英語で発信しました。将来的にはモルヤハイスクールとの姉妹校締結を予定しているそうです。

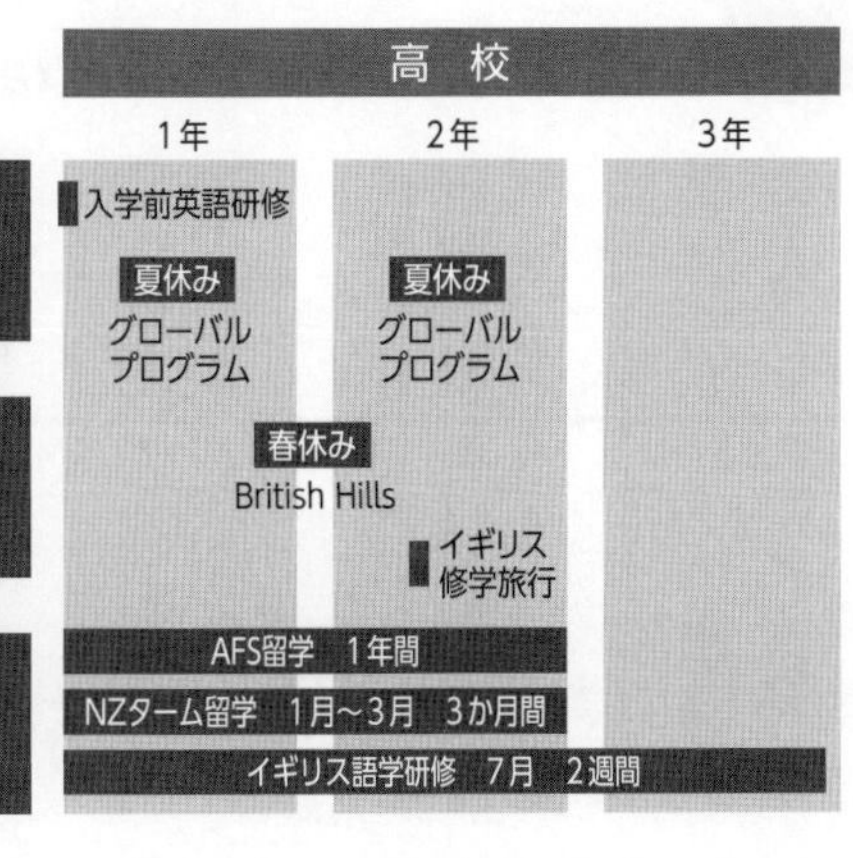

さらに今年度は、6月に実施された「マレーシアー日本フェスティバル2022」に、日本代表としてオンラインで参加しました。書道部・箏曲部の実演や吹奏楽部によるマレーシア国家の演奏・斉唱などすべて生徒たちが企画・準備して行われ、海外からも大きな反響があったそうです。

海外留学プログラムとしては、高1、高2の希望者を対象に1月から2か月間実施されるニュージーランドターム留学や夏休みのイギリス語学研修（約2週間・希望者対象）などがあり、その集大成として、高2の秋に全員参加のイギリス修学旅行（1週間）が実施されます。

総合的な探究の時間で行われるこの修学旅行では、SDGsに関わる課題について事前学習を行い、現地の高校生とその問題についてディスカッションする予定です。

また、光英VERITASはAFS（American Field Service）の協力校として希望者を対象に交換留学制度を実施していて、今年度も1名、イタリアへ留学します。

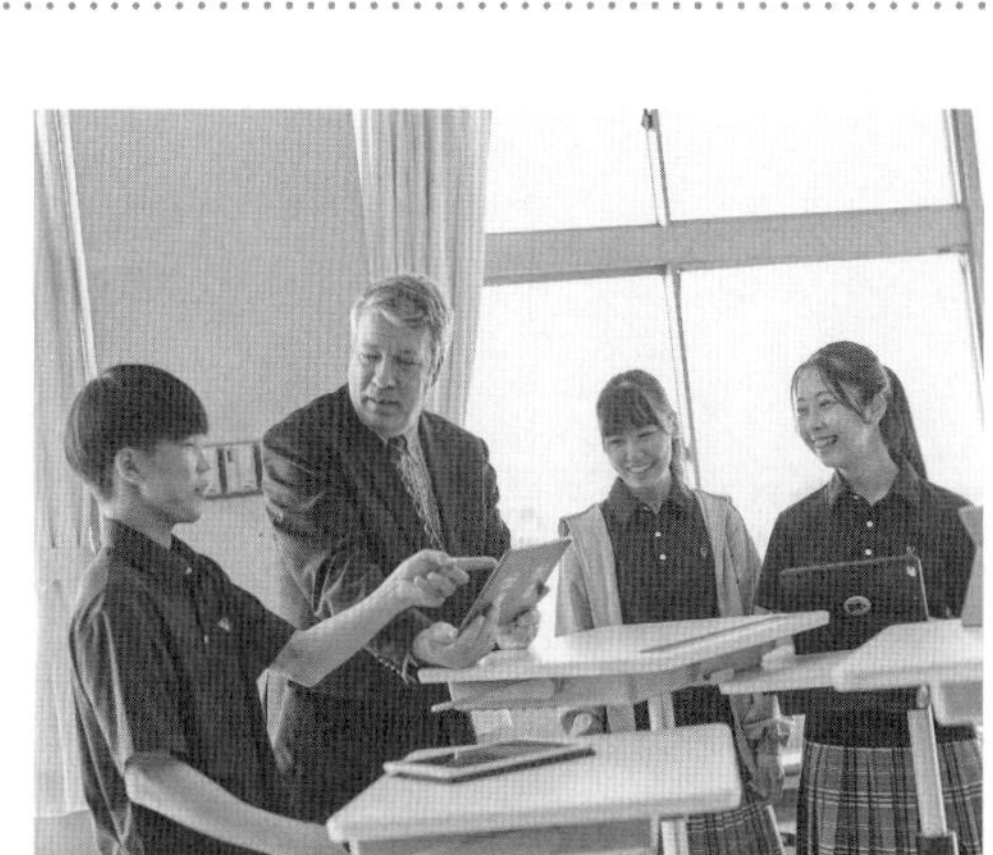

大学合格実績を伸ばす「ヴェリタスアフタースクール」

光英VERITASには、「ヴェリタスアフタースクール」という自習室が完備されていて、平日は9名、土曜日は5名の学生チューターが常駐し、日頃の学習の進め方から受験対策まで多方面にわたるアドバイスを行っています。平日は夜7時、土曜日は夕方5時まで利用できるため、予備校に通うことなく、今年度も国公立大学をはじめ、早慶上理などの難関私立大学に多数合格者を出しています。現役進学率が96・6％と非常に高いのも魅力の1つです。

「本校では、大学卒業後を見据えて、自分が学びたい大学・学部・学科に進学する第一志望進学を大事にしています。校名は変わりましたが、根幹にある教育内容に変わりはありませんので、今年度はこれまでの成果がきちんと表れたのだと思います。光英VERITASとなり、新しい刺激を受けたのもいい結果につながった要因かもしれません。本校は、光英VERITASとしてはまだ新しい学校なので、これからは生徒と一緒に学んで、みんなで一緒にいい学校に育てていきたいと思います」（大野副校長）

学校説明会では「英語・グローバル教育」について強く意識して、将来の学校像について明確な説明を行っていると話す大野副校長。そのためか、留学をしたい生徒、海外大学への進学を視野に入れた生徒が多く入学しているのも特徴の光英VERITAS。男女共学の進学校として、今後、ますます注目される1校です。

入試説明会

11月12日（土）9:30～11:30
12月 3日（土）9:30～11:30

個別相談会

11月26日（土）9:30～11:30
12月24日（土）9:30～11:30
12月25日（日）9:30～11:30

※入試関連イベントはすべて予約制です。

共栄(きょうえい)学園(がくえん)高等学校

東京　共学校

問題

1

【図Ⅰ】において△ABCと△DEFは，等しい辺の長さがそれぞれ5cm，8cmの直角二等辺三角形です。△ABCは毎秒1cmずつ直線l上を右に移動します。【図Ⅱ】は△ABCが移動する途中の様子を表しています。【図Ⅰ】では点Bと点Dが重なっており，【図Ⅱ】では点Aと点Dが重なっています。t秒後の△ABC，△DEFの重なっている部分の面積をSとします。次の問いに答えなさい。

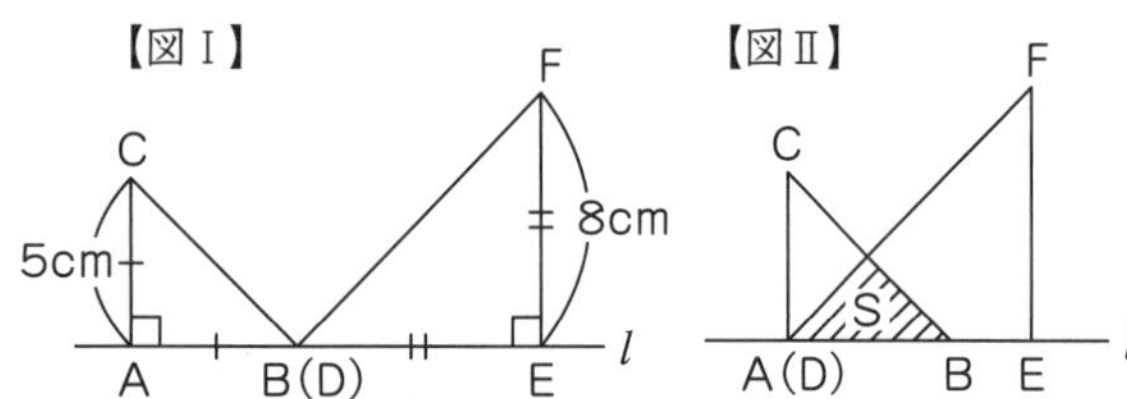

（1）$t=5$のとき，Sを求めなさい。

（2）$t=9$のときの2つの三角形の位置関係として，最も適切なものを次の①～④の中から選びなさい。

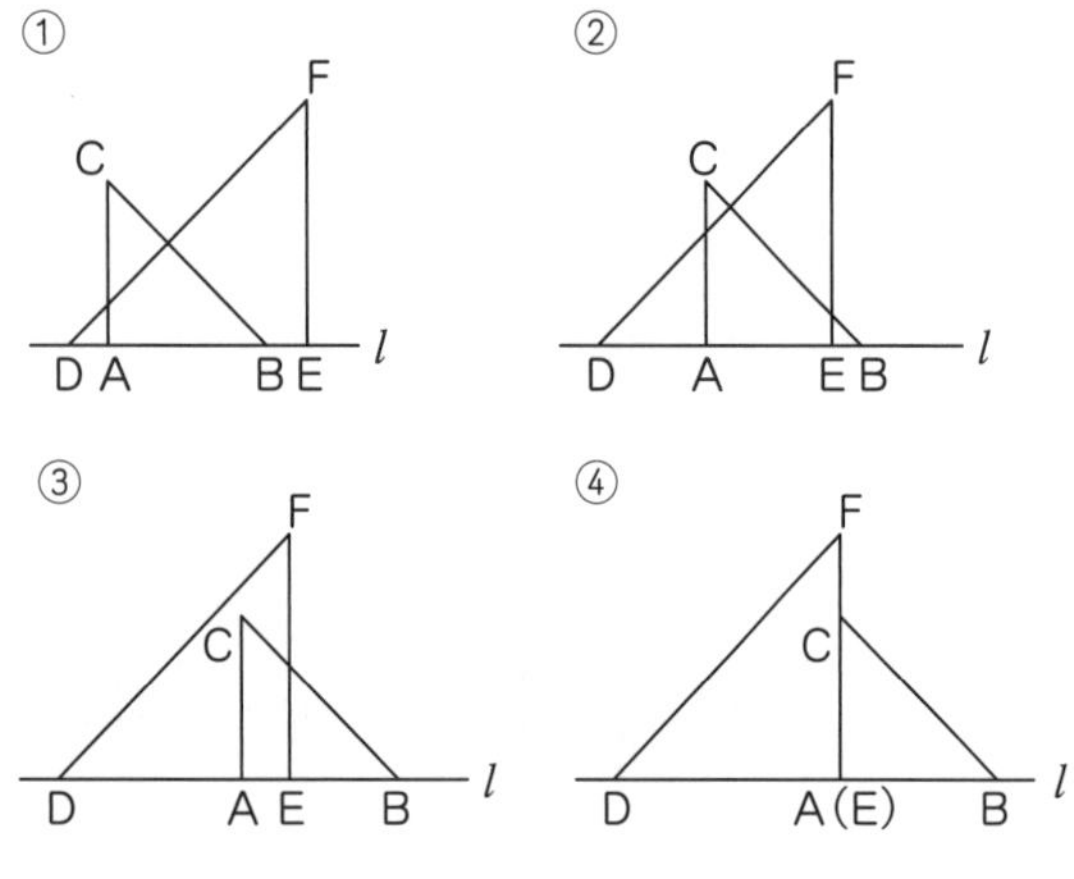

（3）$t=9$のとき，Sを求めなさい。

2

K高校の昨年の数学検定受検者は，男女あわせて360人でした。今年の受検希望者を調べたところ，希望者は昨年の受検者と比べて男子は20%減り，女子は8%増えたので男女あわせて344人でした。このとき，次の問いに答えなさい。

（1）昨年の男子の受検者数をx人，女子の受検者数をy人として，xとyの連立方程式を作りました。［　　］に当てはまる式を選び，記号で答えなさい。

$$\begin{cases} x+y=360 \\ \boxed{} \end{cases}$$

①$0.2x+0.08y=344$　②$1.2x+1.08y=344$
③$0.08x+0.2y=344$　④$0.8x+1.08y=344$
⑤$1.08x+0.8y=344$　⑥$1.08x+1.2y=344$

（2）昨年の男子と女子の受検者数をそれぞれ求めなさい。

（3）受検希望者が少なかったので，再度募集をしました。その結果，男子も女子も昨年よりも希望者数が増えて，男女あわせて388人になり，男子の増加人数は女子の増加人数よりも12人少なくなりました。昨年と比べて男子の受検者は，何人増えたか答えなさい。

解答　**1**（1）$\frac{25}{4}$cm²　（2）②　（3）$\frac{47}{4}$cm²　**2**（1）④　（2）男子160人，女子200人　（3）8人

●東京都葛飾区お花茶屋2-6-1
●03-3601-7136
●京成本線「お花茶屋駅」徒歩3分、JR常磐線「亀有駅」バス
●https://www.kyoei-g.ed.jp/

【個別相談会】要予約
11月27日（日）　12月4日（日）
両日とも10：00～12：00

【ジョイフルコンサート】要予約
12月23日（金）14：00～17：00

江戸川女子高等学校

東京　女子校

問題

1

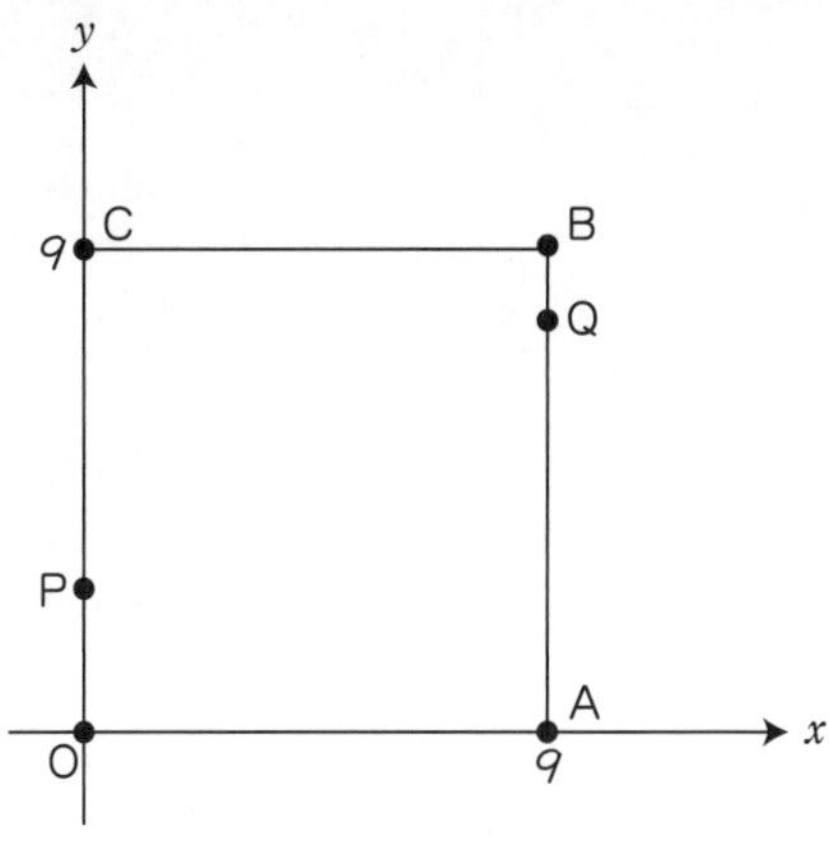

右の図のように，座標平面上に3点A（9，0），B（9，9），C（0，9）があり，正方形OABCを考える。点Pは点Oを出発し，辺OC上を毎秒1の速さで点Cまで動く。点Qは点Aを出発し，辺AB上を毎秒3の速さで動き，点Aと点Bの間を往復する。点P，Qが同時に点O，Aを出発して，x秒後における正方形OABCの線分PQより下の部分の面積をyとするとき，次の問いに答えなさい。

（1）$x=7$のとき，yの値を求めなさい。

（2）xの変域が$3\leqq x\leqq 6$であるとき，yをxの式で表しなさい。

（3）点Pが点Oを出発してから点Cに着くまでの間に，$y=36$となるときのxの値をすべて求めなさい。

2

右の図において，$y=ax^2$上に点B，Cがあり，y軸上に点A，Dがある。△OABは正三角形で，△OCDは∠ODC＝90°の直角二等辺三角形である。△OCDの面積が2であるとき，次の問いに答えなさい。ただし，$a>0$とする。

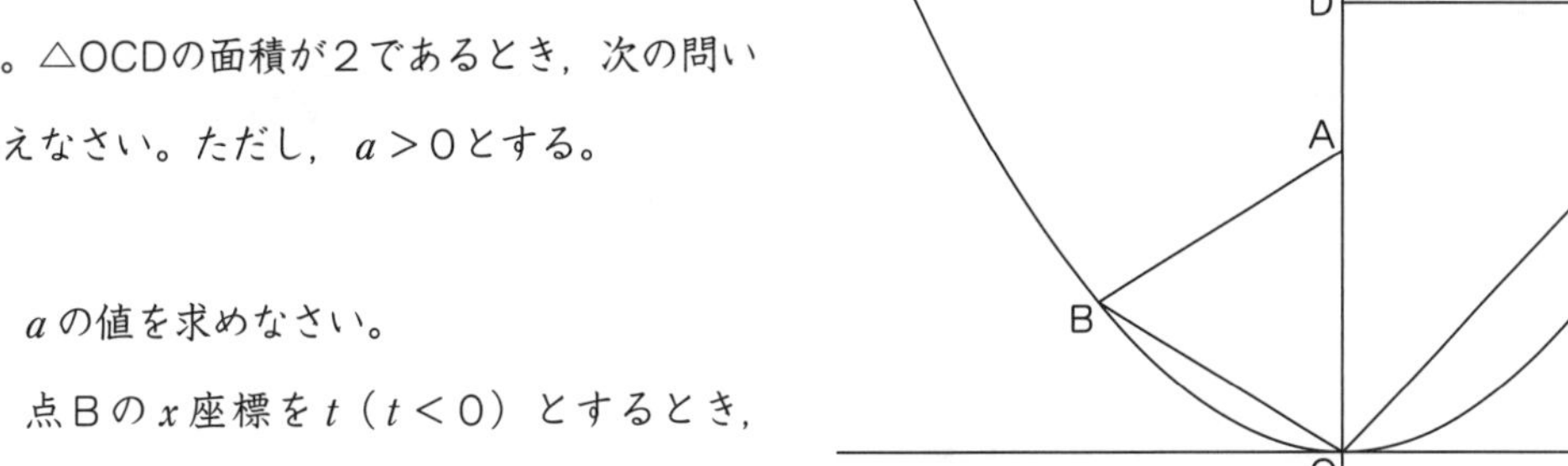

（1）aの値を求めなさい。

（2）点Bのx座標をt（$t<0$）とするとき，tの値を求めなさい。

（3）△OABの面積を求めなさい。

解答　**1**（1）$y=45$　（2）$y=-9x+81$　（3）$x=2，5，\frac{13}{2}$　**2**（1）$a=\frac{1}{2}$　（2）$t=-\frac{2}{3}\sqrt{3}$　（3）$\frac{4}{9}\sqrt{3}$

●東京都江戸川区東小岩5-22-1
●03-3659-1241
●JR総武線「小岩駅」徒歩10分、京成本線「江戸川駅」徒歩15分
●https://www.edojo.jp/

【入試説明会】要予約
11月20日（日）12：00～13：30
11月26日（土）14：00～15：30

【施設見学会】要予約
12月10日（土）14：00～15：00

特別進学クラス　大進選抜クラス　大学進学クラス

保善高等学校

100年の歴史を基盤に
「新しい自分・自分が望む自分」を創る単独男子校

東大合格！早稲田・慶應を含む現役進学率87%の実績!!

交通アクセス

高田馬場駅より
- JR山手線
- 西武新宿線
- 東京メトロ東西線

徒歩 8分

西早稲田駅より
- 東京メトロ副都心線

西武池袋線・東武東上線・東急東横線・みなとみらい線が相互乗り入れ運転

徒歩 7分

〒169-0072 東京都新宿区大久保3丁目6番2号

資料請求

入試広報部 フリーダイヤル
0120-845532

保善高校  スマートフォンでもご覧頂けます | hozen.ed.jp

資料請求やWeb予約はホームページから

学校説明会と個別相談会 Web予約が必要です

11/19㊏　11/26㊏　12/ 3㊏

全日程 10時開会

個別受験相談会 Web予約が必要です

11/27㊐	12/4㊐	12/10㊏	12/18㊐	
10時～15時	10時～15時	10時～15時	10時～15時	
12/5㊊	12/6㊋	12/7㊌	12/8㊍	12/9㊎
15時～18時	15時～18時	15時～18時	15時～18時	15時～18時

入試日程

単願・併願推薦入試	一般入試
1/22㊐	A: 2/10㊎ B: 2/12㊐ C: 2/25㊏

日程は変更・中止になる場合がございますのでHPで最新の情報をご確認ください。

八千代松陰高等学校

さわやか　はつらつ　ひたむき

一人ひとりの持ち味を生かす教育で
明日の国際社会を担う
個性豊かな青少年を育成します

■説明会（WEB予約制）

11/19〔土〕 10:00～　　12/3〔土〕 9:30～ IGSコース　11:00～ AEMコース

■2023年度入試日程（12/20〔火〕よりWEB出願）

1/18〔水〕 第１回入試　　1/20〔金〕 第２回入試

※どちらか１日のみの受験となります。

※詳細はHPより
ご確認ください。

〒276-0028 千葉県八千代市村上727　TEL047-482-1234　https://www.yachiyoshoin.ac.jp/

東京都 ● 共学校

東京学芸大学附属高等学校

1976年から帰国生を積極的に受け入れている東京学芸大学附属高等学校。「資質・能力の育成」を重視し、国立大学の附属校として実証的・実践的研究を推進しています。文理の選択を急かすことなく広い教養と深い専門性を育て、国際社会に貢献する真のリーダーを育成します。今回は、帰国生・留学生委員会の小太刀知佐先生にお話を伺いました。

生徒たちが主体的に活動する学校環境

本校は、帰国生、附属中学からの入学生、一般入試での入学生を分けることなく、混合クラスで授業を行っています。

そのため、帰国生は40名のクラスに約2名ずつ在籍することとなりますが、日本の学校に通うのが初めてという生徒であっても、あっという間にクラスの雰囲気に溶け込み、さらにはクラスを牽引してくれるような存在にもなる生徒もいます。

また、部活動においても、キャプテンを務めるなど、積極的に参加しています。

本校の部活動は、生徒たちが自主的に練習メニューや時間を考え、顧問の先生に共有しながら取り組んでおり、場所の割り振りなども各部活動の生徒同士が話し合って調整しています。多くの帰国生が、自分たちで決めたことに思いきり打ち込める環境にとても魅力を感じているようです。

良い意味で帰国生を特別扱いしないからこそ、クラスや部活動、学校行事でそれぞれの生徒がもつ個性を発揮できる環境を創り出しています。

「本物教育」を通じて「学びの姿勢」を身につける

本校の授業の特徴として、多くの科目で実験・実習とフィールドワークを重視し、レポート作成やディスカッションを行う「本物教育」を実践しています。

これは教科書の内容をインプットするだけではなく、本物に触れ、そこから学んだことについて「自分はどう考えるのか」ということをアウトプットすることで、学びを深めていくことが目的です。

マラソン大会であっても、その大会を通じて何を考えたかをレポートにまとめることとなっており、これらの取り組みから、生徒にはあらゆることに当事者意識をもって取り組む姿勢が身についています。

また、高校2年生の探究の授業では、一年間かけて論文を作成し、英語または日本語でプレゼンテーションする機会があります。帰国生たちは外国語の文献を用いたり、海外滞在時の友人と連絡をとって情報収集したりと、グローバルな視点を発揮しながらユニークな論文を書き上げています。

ぜひ帰国生の皆さんには、海外に

滞在した経験がある生徒ならではの発想や発信力、あらゆることに物怖じせずに取り組む行動力を発揮して授業に参加していただきたいと思います。

多様な進路選択を可能にする充実した学習カリキュラム

帰国生向けの取り出し授業は実施していませんが、高校1年生の間は定期試験前に帰国生専用の質問タイムを設けており、担当教員に質問しやすい環境を用意しています。

高校2年生までは、選択制をとらずに全員が全科目を学習しますので、学習することの多さに苦労する時期があるかもしれません。しかし、何事にも全力で取り組む校風に支えられながら、日々積み重ねていけば大丈夫です。

また、本校では3年後の大学受験に向けて様々な進路指導を行っています。その中でも卒業生とのつながりを大事にしており、例年様々な分野で活躍する卒業生が協力してくれています。

近年では海外大学へ進学をする卒業生も複数名輩出しており、入学試験や進学に向けてどのような準備を行うべきかなど、実際に体験した先輩ならではのアドバイスを聞く機会もあります。

国内外問わず、生徒たちが希望の進路を目指しながら、学校行事や部活動にも積極的に参加する活気溢れる校風が本校の一番大きな特徴です。

㊤一人一台のMacbookを活用した授業風景　㊦サッカーグラウンドでの部活動の様子

多様な海外経験をもつ帰国生の皆さまへ

帰国生受験は国語・数学・英語の3科目で実施しています。これは、様々な国からの帰国生を広く受け入れたいという思いから設定した入試制度です。

入学後は一般生や附属中学から進学した生徒と一緒に学びながら、帰国生の上級生と話をする場も設けています。生徒一人ひとりが他者を尊重する土壌があるからこそ、それぞれが「自分のやりたいこと」や「自分のやるべきこと」に取り組めています。

本校での3年間で自分の可能性を積極的に広げたい、いろいろな人と出会って成長しながら充実した高校生活を送りたい受験生をお待ちしています。

スクールインフォメーション

所在地：東京都世田谷区下馬4-1-5
アクセス：東急東横線「学芸大学駅」徒歩15分
TEL：03-3421-5151
URL：http://www.gakugei-hs.setagaya.tokyo.jp/

2022年3月　おもな合格実績

【国公立大学】東京大学…27名／京都大学…10名／東京工業大学…3名／一橋大学…8名／筑波大学…4名／横浜国立大学…12名／国公立医学部医学科…25名
【私立大学】慶應義塾大学…117名／早稲田大学…134名／上智大学…44名／東京理科大学…68名／私立医学部医学科…49名

中学生の未来のために！
大学入試ここがポイント

前号のこのページでは、大学入試の形態として「総合型選抜」と「学校推薦型選抜」という入試制度があり、その登場で入試日程が大きく早まっているというお話をしました。実際に学校推薦型では、推薦を狙う高校3年生は夏前、早いところでは6月から入試に関する活動を開始して、9月には校内選考で内定という結果を手にしています。

学校推薦型選抜はどのようにして行われているか

NEWS

学校推薦型への挑戦は人一倍の努力が必要

上記で述べたように、いま、大学入試は日程の前倒しが顕著です。背景には受験生、また入学生を早期に囲い込みたい大学の思惑が見え隠れしています。

さて、「学校推薦型選抜」（以下、学校推薦型）、「総合型選抜」（以下、総合型）、両選抜についての入試時期をご理解いただいたうえで、今回と次回で、両選抜の入試内容について解説します。今号は学校推薦型を取り上げます。

学校推薦型は、在学している高校の校長先生の推薦を受けて出願する選抜方式をさします。そのなかには、さらに2つのタイプがあり、「指定校制」と「公募制」に分けられます。

指定校制は、大学側が高校を個別に指定して募集するタイプの選抜方式で、大学から指定された高校の生徒のみが出願できます。指定校は1校で2〜3人。その多くは学部別に1人しか推薦されません。

つまり、大学はそれまでの経験から当該高校の生徒の学習態度を認め、「この学校なら大丈夫」というお墨つきを与えていることになります。ですから、大学は学校推薦型で入学した学生の追跡調査を実施しているとされ（非公表）、ある年から学校推薦の生徒数が減ることもありえるわけです。

国立大学は基本的に公募制のみで指定校制は実施されません。

公立大学では、東京都立大や横浜市立大など、一部で指定校推薦を行う大学があります。私立大学は、公募制と指定校制の両方を実施しています。

私立大学指定校制の重要ポイントは、在学高校長の推薦を受けないと出願できない、という点と出願して合格したら必ず入学しなければならない、という専願制です。

出願にあたっては「調査書の学習成績の状況、〇点以上」例えば3・5以上という条件が示されている大学がほとんどで、さらに「浪人の場合は〇浪まで」といった出願条件を設けている大学もあります。つまり、だれもが出願できる入試というわけではありません。

※他大学との併願が可能な併願制も一部出てきました。

入学当初から指定校推薦に向けた努力が必要になる

例えば、ある高校が、A大学の〇学部から指定1人を受けていて、学校推薦を希望する生徒が複数いた場合には、入学してからの成績を比べ、1人に絞って校長が推薦することになります。これがいわゆる「校内選考」と呼ばれるものです。

ですから指定校制での進学をめざしている生徒は、入学当初から自らの学業成績に厳しい目を向け、日々努力しているものです。

高校の評定で重きをおかれる定期試験は、高1で5回、高2で5回、高3では校内選考までに2回あります。このなかでじつに4割も高1での定期試験が占めているわけです。当初から学校推薦型で大学入試を乗り越えようと計画している生徒は、入学してからすぐの高1の定期試験から頑張っていることを見逃してはなりません。

高校3年生になって「じゃあ私も」と思っても校内選考には残れないのが現実です。

本誌が、このページを設けたり、夏、秋の増刊号で「大学と大学入試を知る」ことを主眼としていたりするのは、中学生のいまから大学を知り、研究して高校を選んでほしい、という願いからです。そのような観点で早くから学校推薦型の指定校制を考えている中学生、高校生がアドバンテージを得ていることがおわかりかと思います。

公募制は、指定校制と同じく大学の出願条件をクリアし、在学高校長の推薦があれば受験できる選抜です。ただ、指定校制とは違って「受験資格を得る」だけで、その段階で合格に近づくわけではなく、11月ごろから始まる入試で、小論文や面接によって選考が行われ、合否が決まるのが一般的です。

国公立大学の学校推薦型は公募制で受験が必要

国公立大学では全体の9割以上の大学が学校推薦型の公募制を実施しています。近年、東京大や京都大などでも学校推薦型の入試が始まっています。

ただし、国公立大学の学校推薦型は、私立大学に比べて募集人員が少なく、出願条件のうち「学習成績の状況4・0以上」など厳しい成績基準を設けている大学があります。

面接や小論文を課す大学が多く、口頭試問を含んだ面接や、学科に関連した専門的知識を要する小論文が課されることも珍しくありません。大学入学共通テストを課す大学と課さない大学の2タイプがあり、大学入学共通テストをはさんで入試日程が大きく異なります。

この数年、小論文として受験生が自分の考えに基づいた論を記述させる評価方法のほか、プレゼンテーション、口頭試問、実技、教科・科目にかかわるテスト、資格・検定試験の成績、大学入学共通テストの点数などで、学力を確認することを各大学が始めています。

東大入試突破への現代文の習慣

東大入試を突破するためには特別な学習が必要？　そんなことはありません。身近な言葉を正しく理解し、その言葉をきっかけに考えを深めていくことが大切です。田中先生が、少しオトナの四字熟語・言い回しをわかりやすく解説します。

早稲田アカデミー教務企画顧問
田中としかね

東京大学文学部卒業
東京大学大学院人文科学研究科修士課程修了
専攻：教育社会学
著書に『中学入試 日本の歴史』『東大脳さんすうドリル』など多数。文京区議会議員。第48代文京区議会議長、特別区議会議長会会長を歴任。

田中先生の「今月のひと言」

「いってらっしゃい！」の挨拶に込められた気持ちは届きますよ！

今月のオトナの四字熟語

存在理由

「先生、レーゾンデートルってどういう意味で使われている言葉なのですか？」中学3年生の生徒からの質問です。読解文のなかに登場した言葉が気になったようです。「カタカナで書かれているので外来語だと思いますが、日本語に直せなかったのでしょうか？」と質問が連鎖していきます。「随分と難しい論説文を読んだんだね。哲学的な文章で、読みにくかったんじゃないかな？」と聞いたところ「物語文ですよ。登場人物のセリフのなかに出てきたのです」とのことでした。

「レーゾンデートル」はもちろん外来語ですが、英語っぽくないと思いませんか？　実はフランス語の「raison d'être」を、カタカナ表記したものなのです。「フランス語は読めません！」という生徒さんも多いと思いますので、これをそのまま「単語対単語」の一対一で英語に置き換えてみると（翻訳ではなく、無理やりですよ）、皆さんにもなんとなく意味が伝わるのではないでしょうか。「reason of being」になります。すなわち「存在していることの理由」ということですよね。ちゃんとした英語への翻訳では「reason for living」になると考えられています。それは「あるものの存在を正当化するための理由」という意味になるのです。四字熟語にすると今回取り上げた「存在理由」が当てはまることになりますね。

物語文に出てきたということですので、登場人物の人間関係のなかで発せられた「セリフ」として、意味を考えなくてはならないところです。「誰が」「誰に対して」「どんな場面で」言ったのか？ということが重要になるのですが、当然「レーゾンデートル」という言葉の持つ独特のニュアンスも理解しておかなければなりません。説明のために単純化して言うならば、他人から認めてもらうような「存在価値」ではなく、あくまでも自分自身が求める「存在理由」を強調するタイミングでこそ、「レーゾンデートル」という言葉が発せられるのだ、という点を意識しなくてはならないということです。ちょっと難しいですよね。

また、哲学の一テーマとして「レーゾンデートル」が話題になる場合は（先ほど「論説文を読んだ」と言ったように）、さらに難しい内容になりますので、ある程度の予備知識があった方がいいと思います。ほんの少し解説してみますね。「自分が存在している」ということを言い換えると「自分は生きている」ということになると思います。英語では「reason for living」になると伝えましたよね。そこで「存在理由」を「生きる理由」だと考えると、皆さんにも身近なテーマになると感じられるのではないでしょうか。「自分が生きていることの意味や価値、重要性」について真剣に考える態度なのだと理解してください。これを「存在への問い」などと言ったりするので難しく感じてしまうのですが、要は「他人と取り替えることのできない、私個人のありよう」が問われるわけで、「自分の人生は自分でつくり上げるのだ」と言えば、人気マンガで主人公が活躍するストーリーのようにも思えるでしょうか。でも、もう少し哲学的に深めてみましょう。私という人間が生きているということは、過去・現在・未来という時間の流れのなかに存在することであり、否応なしに未来に待ち受けるのは「死」ということになります。実は「死すべき存在」という規定が「生きる」ということのなかに含まれている、ということなのです。「決して死なない」マンガの主人公のようにではなく、逃れられない「死」と向き合いつつ、取り替えができない自分の人生をいかに考え行動するか、ということが「存在理由」への問いだということなのです。

この「存在理由」への問い掛けを思うとき、私はいつもある絵画作品を思い出します。そのタイトルは『我々はどこから来たのか 我々は何者か 我々はどこへ行くのか』というもので、作者はフランスの画家ポール・ゴーギャンです。南太平洋に位置するタヒチ（フランス領ポリネシア）で描かれた作品で、現在はアメリカのボストン美術館に所蔵されています。右下に生まれたばかりの眠っている赤ん坊が描かれていて、そこから左へと「読んでいく」絵なのだとゴーギャンは語っています。左下には死に近い老婆の姿が描かれています。横幅が3メートル75センチもある大作になりますよ。鑑賞者を絵の世界に引き込んでしまうような迫力があります。ぜひ画集などで作品を確認してみてくださいね。「存在理由」への問い掛けに、正解となる答えはありません。「わからない」からこそ、死ぬまで生きるしかないということでもあるのです。

「なんだかよくわからないですけど、レーゾンデートルに解答はないということですよね。答えを待たずに、先に行動してみることも大切なような気が

します。動いてみないことには化学反応も起こらないですから！」なんだかまた、どこかの登場人物のセリフを引用しているように思えるのですが、刺激的な読書ができているようなのでよしとしましょう。

今月のオトナの言い回し

薄氷を踏む

「きわめて危険な状況に臨む」という意味の言い回しになります。まるで水面に薄く張った氷の上に乗るような場面での、緊迫感を伴った心境を表す言葉ですね。中国の古典『詩経』に由来します。原文では「戦戦兢兢、如臨深淵、如履薄氷」とあります。書き下し文にすると「戦戦兢兢として、深淵に臨むが如く、薄氷を履むが如し」になります。意味は、「深い淵の断崖に立っては落ち込むことを恐れ、薄い氷を踏んでは割れて水中に落ちることを恐れるように、おののき恐れてその身をつつしむ」というものです。「ひやひや」している様子が伝わってきますよね。そして「はらはら」するのは周りで見ている方ではないでしょうか。

生徒のお母様から相談がありました。学校行事で、ある「失敗」をしてしまった生徒が、「もう一度挑戦する」ことを躊躇するようになってしまい、今は何もできずに落ち込んでいるだけで……というものでした。お母様は「できるだけ準備をして、大丈夫だと思えるように、アドバイスが必要だと思うのですが」というお考えだったのですが「石橋をたたいて渡るよりも、薄氷を踏む思いでいってらっしゃい！と、送り出してあげてください」という返事をしました。

一度失敗をすると慎重になる、という経験はとても重要で、「ミスを減らす」というレベルならば、むしろ「失敗から学ぶ」ことが強調されてもいます。しかしながら、それが行き過ぎると「羹に懲りて膾を吹く」という状態になってしまいます。「一度の失敗にこりて、必要以上に用心すること」のたとえですよね。チャレンジすることそのものに対しても、回避をするようになってしまいます。

「次は大丈夫だろうか？」と、石橋を点検し続けても、「やってみよう！」という勢いはなかなかつかないものです。むしろ「ひやひやする」ところから始めてみましょう。そのイメージにぴったりなのが「薄氷を踏む」なのです。慎重に、でも一歩を進めなければ、前に行くことはできませんから。周りで見ているお母様は、一緒になって心配してしまうのだと思います。そこを「踏んでみようよ！」と応援することを求められても、確信の持てないことにゴーサインは出せないと考えるのが、親心だとも思います。それは親として「無責任」なのではないか、と考えてしまうのですね。それでも「送り出す」という役割こそが、重要なのだと思うのです。笑顔で「いってらっしゃい！」と言葉を掛けるというのは、何げない日常の一シーンではありますが、ご家族の本領を発揮する場面なのだと思いますよ。

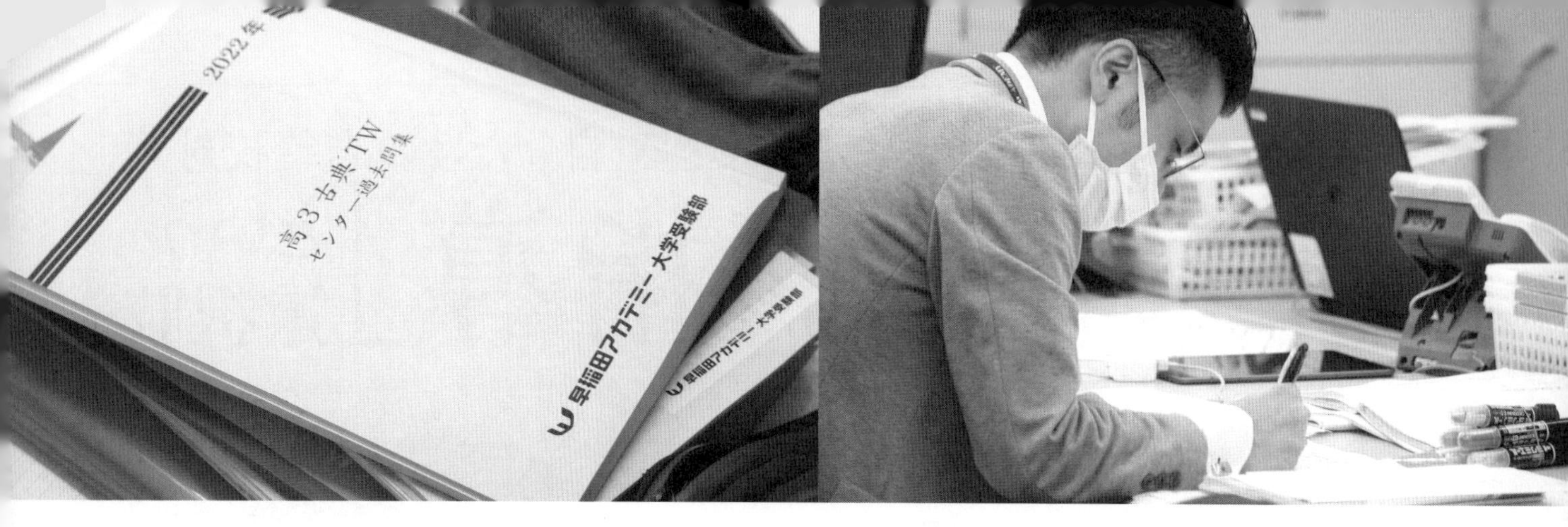

早稲田アカデミー
大学受験部
授業ライブ

#04

〝勉強〟のススメ
──だから学びは面白い！

国語／倉橋幸宏（くらはし ゆきひろ）先生

今、勉強しているのは受験のため？　勉強を続けると見えてくるものは？
早稲田アカデミー大学受験部の授業をのぞいてみると、
そのヒントが見つかるかもしれません。
第4回は、倉橋幸宏先生の国語の授業です。

答えは1つ、表現は無限

「大学受験部では中学1年生から国語の授業が開講されており、現代文・古文・漢文をまんべんなく学びます。現代文の学習を通じて読解力と広い視野を養うこと、そして学校で古典の学習が本格的に始まる前に、有名な作品や和歌の暗唱などを通じて古典を〝教養〟として身につけることは、大学受験に向けた学習においても大きなアドバンテージになります」

そう説明してくれたのは、中2から高3の通常授業、さらに「東大必勝コース」「早慶大必勝コース」の授業も担当する倉橋先生です。

この日の授業は、高3古典「TopwiN」。東大・国公立医学部などの最難関大を目指す生徒が集まるクラスで、授業では毎回古典の読解と記述問題に取り組みます。

倉橋先生には、授業に入る前のルーティンがあります。それは、前回の授業で生徒が提出した添削答案を見直すことです。

「よく『国語の問題には答えがたくさんある』といわれますが、それは正確ではありません。国語でも答えは1つ。ただ、その表現の仕方が無限にあるのです。添削では、生徒の解答がより的確なものになるよう、表現の幅を広げたり、方向性を微調整したりするためのアドバイスを書き込んでいます」

また、添削した答案を授業の直

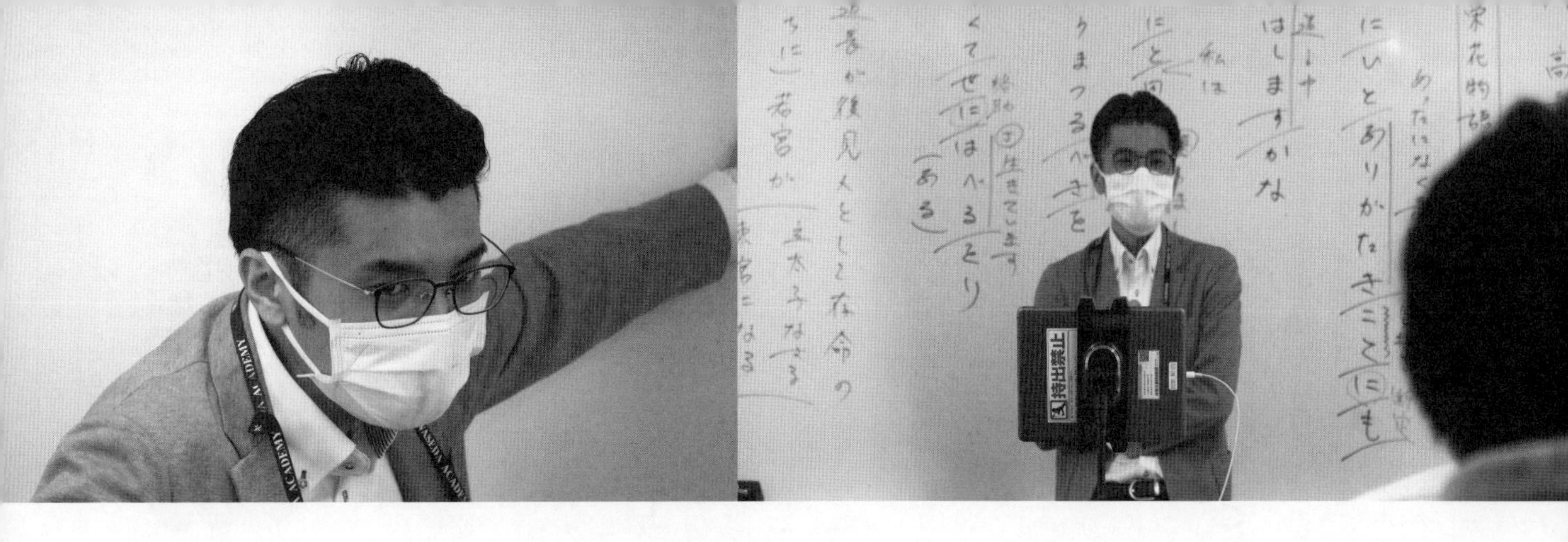

前に見直すのにも理由があるといいます。

「答案から生徒がどう考え、どう表現したのかを確認し、それを授業に落とし込むようにしています。授業では、生徒が力を伸ばすために本当に必要なことを伝えたいですから」

大学入試本番まで、残すところあと数か月。倉橋先生と高3生の本気がぶつかり合う授業がスタートします。

理系でも、国語を得意科目にできる

この日の授業で扱うのは、平安時代後期に成立した『栄華物語』という作品。藤原道長の栄華を中心とする歴史物語で、天皇や道長の娘である中宮（天皇の后）など位の高い人物が数多く登場します。敬語表現やあいまいな指示表現が多く、一つひとつの語を丁寧に読み解かなくては内容を把握できないため、大学入試でもよく出題される作品の一つです。

倉橋先生は、生徒に発問しながら本文を一語一語品詞に分解し、文章の意味を丁寧に確認していきます。クラスには国公立大学の二次試験対策のために受講している理系の生徒も在籍しています。

「古文は、語の意味や文法を正確に理解すれば、パズルのピースをはめていくように読み解くことができます。理系だから読めない、ということはありません。論理的思考力が試される現代文でも同じで、『理系＝国語は伸びない』ことはないのです。文系や理系、文章のジャンルに関わらず、『何について書かれているか』『何が言いたいのか』を念頭に置きながら文章を読むことが大切です」

何事にも「本気」で挑んでほしい

授業中、解答を発表した後で、倉橋先生は必ず生徒に向かって

「何か質問はある？」

と問い掛けます。すると生徒たちからは、自分が書いた解答について

「助動詞を訳し忘れたんですが、大きな減点になりますか？」

「冒頭に主語を補って訳してもいいでしょうか？」

と、次々に声が挙がります。自分の表現に真剣に向き合うことで、答案はより研ぎ澄まされていくのです。倉橋先生のアドバイスに従って、生徒たちは自分の解答を採点。集められた答案には先生からさらなる添削が加えられ、翌週生徒たちの手元に戻ります。

「生徒たちには、何事にも全力で取り組んでほしいですね。もちろん、全力を尽くしても失敗してしまうことはあるでしょう。でも、勝つつもりで挑んだ結果の〝負け〟と、『きっとだめだろう』『どうせできないけど』と言い訳を残した〝負け〟では、自分のなかに残るものが決定的に違う。勉強はもちろん、遊びでも趣味でも、10代のうちに『本気になる経験』を一つでも多く積んで、自分の幅を広げていってほしいですね」

倉橋先生より

「国語」とは？

「人間」を知ること

国語科 倉橋幸宏

大学受験部のWebサイトはこちら

早稲田アカデミー 大学受験部

いま注目の新しい学びを実践する開智国際大学
急激にレベルアップしている『国際教養学部』を探る

定員増とカリキュラムのリニューアルが決まり、来年度から新しいスタートを切る開智国際大学の「国際教養学部」。グローバル・ビジネス科目群、グローバル・コミュニケーション科目群、グローバル・カルチャー科目群、ヒューマン・イノベーション科目群の4つの中から中心となる1つの科目群を選択して専門的に学ぶことも、また複数の科目群の中から将来を見据えて自分に必要な科目を自由に選択することもできる、21世紀型の「国際教養学部」を取材しました。【タイアップ記事】

常磐線快速電車で東京駅から約30分の柏駅。ここからバスで約10分の「柏学園前」で降りると、緑の森の中に落ち着いた佇まいの開智国際大学のキャンパスが広がっています。出迎えてくれたのは、2021年度から国際教養学部長に就任した古賀万由里先生です。

グローバルな英語を学ぶ

国際教養学部の第一の特徴は、英語をしっかりと学ぶことです。1年次に週3コマ（90分×3）、2年次に週2コマの英語を学びます。クラスは20名前後の習熟度別編成になっているため、自分の進度に合った学習ができ、英語力を伸ばすための最強の環境が整っています。2年次以上も英語の必修・選択科目があり、英語力をもっと伸ばしたい学生は、それぞれの語学力に応じた授業を選択できます。

海外での研修も多彩です。1年次には2週間の海外研修が予定されています。この研修は、語学力の向上だけでなく、世界が直面する課題に向き合い、問題の背景や解決方法を探る想像力、実践力を養うことを目的としています。その他にも、カナダ、オーストラリア、フィリピンなどでの英語短期研修をはじめ、ワシントンの国際機関やNGOなどでの3カ月間のインターンシップ、インドネシアの大学での英語のみの授業による短期研修、中国の大学での中国語研修など、さまざまな企画が用意されています。コロナ禍のため実際に渡航することが難しい状況ですが、海外とのオンライン交流や、オンライン留学などを積極的に行っています。

交換留学制度にも力を入れており、中国、アメリカ、ハンガリー、インドネシアの大学と協定を締結しています。現在も、アメリカの大学とオーストリアの大学との交換留学制度を視野に入れた提携を模索するなど、さまざまな新しい取り組みを進めています。

また、国際教養学部は、毎年多くの留学生を受け入れており、多様性を重視した教育を展開しています。19カ国からの学生と教職員が集うキャンパスでは、さまざまな言語が飛び交い、さながらグローバルキャンパスです。留学生たちの学部への貢献度がきわめて高く、英語スピーチコンテストやビブリオバトル（書評合戦）などの学内イベントだけでなく、日本人学生と一緒に他大学との共同研究会に参加し発表するなど、活発に活動しています。

英語力だけなく教養力を育てる科目群

毎年、開智学園の何人もの生徒が海外の高校や大学に留学します。生徒たちは、留学先の学校で大変優秀だと評価されていますが、それは英語ができるということではなく、理数的・社会科学的な教養が高く、しかも真面目に一所懸命に学んでいるからだと言われています。

国際社会で活躍するためには英語力は必須で、バックグラウンドとして、しっかりした教養を身につけていなければ相手にされません。開智国際大学の「国際教養学部」では、人間性や教養力を高

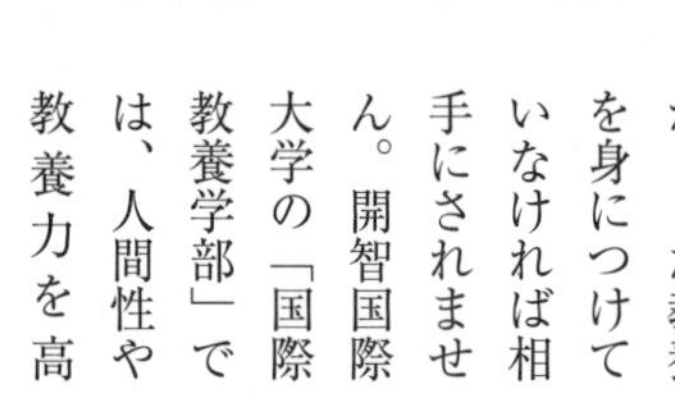

め、未来の仕事に直結するための学びを、４つの科目群制度で行っています。

　実践的なビジネススキルを身につけるグローバル・ビジネス科目群。社会や企業で通用する実践的な英語力とコミュニケーション力を磨くグローバル・コミュニケーション科目群。芸術・文化、歴史、政治など、日本や世界各国の環境を学ぶグローバル・カルチャー科目群。そして新たに、心理学系科目の「ヒューマンサイエンス」と情報科学系科目の「データサイエンス」で構成されたヒューマン・イノベーション科目群が加わります。

■開智国際大学　2023年度　入試日程

入試形式			期別	試験日	出願期間	合格発表
総合型選抜	AO型 前期	・プレゼン ・小論文 ・活動評価	Ⅳ期	12月18日（日）	11/21（月）～12/ 9（金）	12月22日（木）
			Ⅴ期	1月21日（土）	12/19（月）～ 1/12（木）	1月23日（月）
	AO型 後期	・プレゼン ・小論文 ・活動評価 ・基礎学力	Ⅰ期	2月17日（金）	1/ 6（金）～ 2/ 9（木）	2月21日（火）
			Ⅱ期	3月 3日（金）	1/ 6（金）～ 2/24（金）	3月 6日（月）
			Ⅲ期	3月13日（月）	1/ 6（金）～ 3/ 8（水）	3月14日（火）
			Ⅳ期	3月22日（水）	1/ 6（金）～ 3/21（火）	3月22日（水）
	特待チャレンジ型		Ⅰ期	12月18日（日）	11/21（月）～12/ 9（金）	12月22日（木）
	英語資格型		Ⅱ期	来校しての試験なし	11/21（月）～12/ 9（金）	12月22日（木）
	国際バカロレア型		Ⅰ期	来校しての試験なし	12/19（月）～ 1/19（木）	1月30日（月）
			Ⅱ期		1/ 6（金）～ 2/24（金）	3月 6日（月）
学校推薦型選抜	指定校推薦型		Ⅱ期	1月28日（土）	12/19（月）～ 1/19（木）	1月30日（月）
一般選抜	一般型		Ⅰ期	2月 4日（土）	1/ 6（金）～ 1/27（金）	2月 7日（火）
			Ⅱ期	2月17日（金）	1/ 6（金）～ 2/ 9（木）	2月21日（火）
			Ⅲ期	3月 3日（金）	1/ 6（金）～ 2/24（金）	3月 7日（火）
			Ⅳ期	3月13日（月）	1/ 6（金）～ 3/ 7（火）	3月14日（火）
	特待型		Ⅰ期	2月 4日（土）	1/ 6（金）～ 1/27（金）	2月 7日（火）
			Ⅱ期	3月13日（月）	1/ 6（金）～ 3/ 7（火）	3月14日（火）
	共通テスト利用型		Ⅰ期	1月14日（土） 1月15日（日） 来校しての試験なし	12/22（木）～ 1/13（金）	2月 8日（水）
			Ⅱ期		12/22（木）～ 2/13（月）	2月17日（金）
			Ⅲ期		12/22（木）～ 3/10（金）	随時 最終発表 3月14日（火）

※入試詳細については募集要項を参照してください。

学生主体の授業が盛りだくさん

　開智国際大学は、この数年間で大きく変化しています。まず、大学での授業を講義形式から教員と学生の双方向型の『主体的、探究的で深い学び』に変えました。授業ではPIL型授業という講義の中に教員と学生の対話を取り入れ、また学生同士が協働型で「なぜ」を考え、仮説を立て、調査、実験、観察などを通して、論議し、発表する探究型授業を多く行っています。

　また、年々優秀な学生がかなり増えてきている状況のため、同じ科目の授業を学力別や学習歴別に分けるなどして、それぞれの生徒に合った講座内容で授業を行っています。

　さらに留学生のレベルも上がり、欧米からの留学生も少しずつ増えています。そこで同じ内容を、英語で行う授業と、日本語で行う授業を創るなどして、多様化する学生に対応しています。

先生方との距離が非常に近い少人数教育

　最後に、開智国際大学の特徴を北垣日出子学長補佐に伺いました。

「一番の特徴は少人数教育です。多くの授業が20名程度ですので、先生は学生全員を熟知して授業をしていますから、学生も高い意識を持って集中して勉強しています。また、コロナ禍においても、少人数教育の利点を活かし対面授業を行ってきました。緊急事態宣言時には、オンライン授業と対面授業を組み合わせたハイブリッド型授業を実施しました。その後は対面授業に移行し、徹底した感染症対策を行いながら、学生の学修機会を確保しています。友人たちや先生と直接会って授業を受け、対話を通して知識・経験を共有する教育が、学生にとって大きな成長につながると考えているからです。

　一方、優秀な学生に入学してほしいという思いから、他大学よりはるかに充実した特待制度を備えています。２０２２年度の入学者の中で４年間の授業料が国立大学より廉価になる特待生は30パーセントを超えています。２０２３年度入試でも特待生入試や大学入学共通テスト利用入試などで特待生を選考する計画です。しかも、大学入学共通テスト利用入試の受験料は１０００円と破格になっています」と話していただきました。

　優れた教授陣が21世紀型教育を少人数指導する魅力いっぱいの開智国際大学の国際教養学部。まさにパワーと情熱あふれる今後が楽しみな学部です。

開智国際大学

〒277-0005 千葉県柏市柏1225-6
URL：https://www.kaichi.ac.jp

LINE　大学HP

■最寄り駅
JR常磐線・東武アーバンパークライン「柏駅」

■併設校
開智小学校、開智中学・高等学校、開智高等部
開智未来中学・高等学校、開智日本橋学園中学・高等学校、
開智望小学校・中等教育学校

東大生リトのとりとめのない話

東大生ってどんな人たち？リトが出会ったすごい東大生

理論的に練習を組み立て結果を出した水泳部の先輩

　随分寒くなってきましたね。体調は崩されていないでしょうか。3年生の方は受験が近づいてきていますね。2年生や1年生の方は、塾などでは新学年の勉強がそろそろ始まるころかと思います。新学年の勉強は前の学年の知識が前提となっていることが多いので、ぜひ復習を！

　今回は勉強の話ではなく、東大にかよってわかった周囲の人のエピソードをお話しします。

　まず、ぼくも所属している水泳部のすごい先輩についてお話ししたいと思います。

　彼は医学部にかよっているのですが泳ぎもとても速いです。大学に入学した当初はそこまで速くなかったらしいのですが、勉強と同じように水泳についても研究に研究を重ねたそうです。先輩はただ泳ぐだけではなく、どうしたら速く泳げるかを考え、フォーム分析や、ペース配分、どこに練習の重点をおくのかといった「選択と集中」を行いました。彼のスピードは、こうした努力で勝ち取ったものです。

　スポーツにおいて、ただただ練習をするだけではなく、考えて練習をするとはどういうことなのか、そしてその重要性を体現した先輩です。

　このスポーツではこの練習方法が常識だから、というのではなく、「理論的にこうだからこういうフォームが理想で、そのためにはこういう練習が必要」という自信を持ったうえでその練習に取り組む必要があることを学びました。もちろん、理論的な練習に加え、根性で自らを追い込むことも重要です。先輩に出会って、そのバランスの大切さも身近に感じました。

リトのプロフィール

東大文科三類から工学部システム創成学科Cコースに進学（いわゆる理転）をする東大男子。プログラミングに加え、アニメ鑑賞と温泉が趣味。

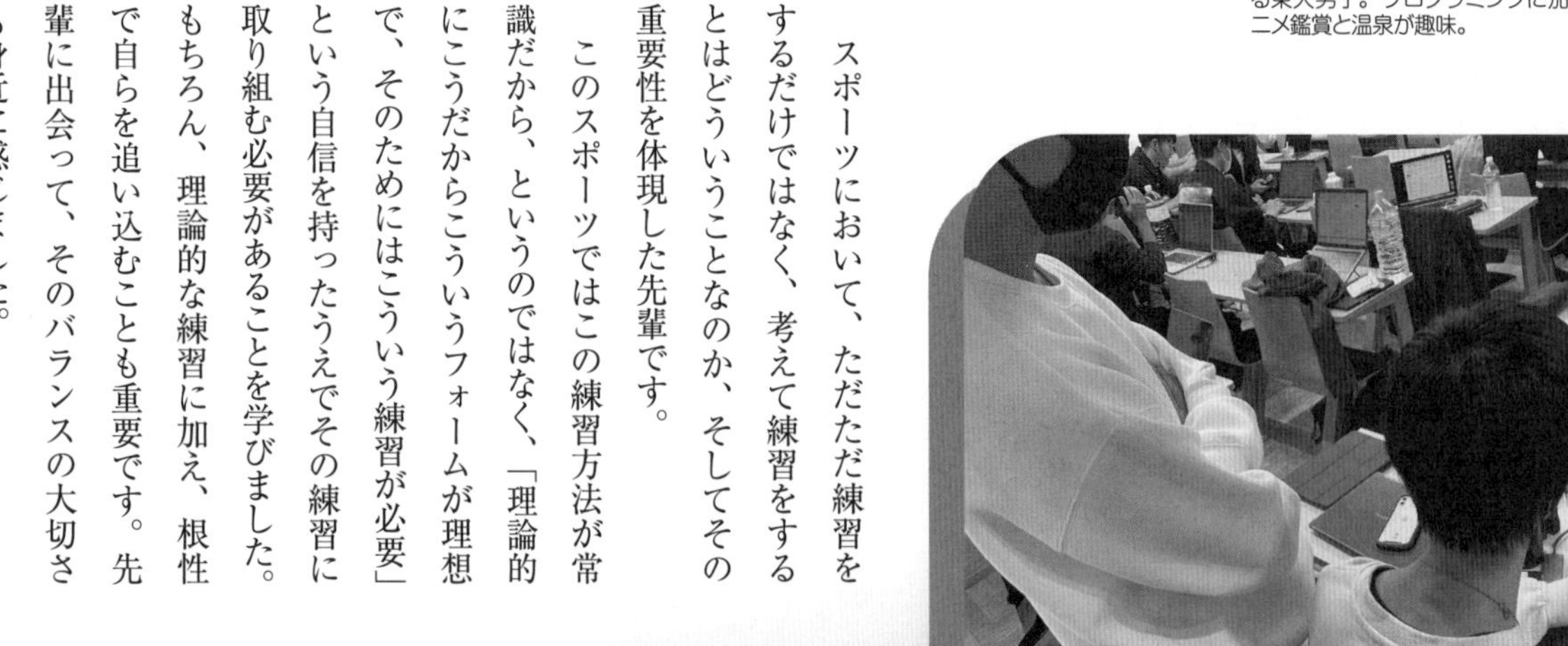

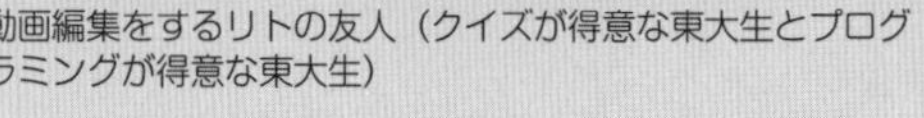

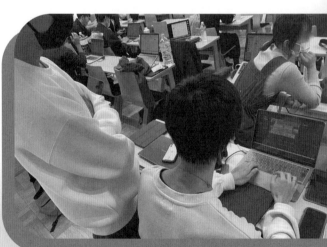

動画編集をするリトの友人（クイズが得意な東大生とプログラミングが得意な東大生）

入学後いきなり海外へ 行動力のすごい東大生

次に、行動力がずば抜けている人たちのお話をしたいと思います。彼女は、大学1年生のときにFLY Program※という東大の「初年次長期自主活動プログラム」を使い、1年間休学して海外を飛び回っていました。かなり危険な地域にも行っていたようで、人生経験が豊かです。東大生のなかには、彼女のように海外に行って知見を広めている人や、「スタートアップ」（立ち上げて間もない会社）に入ってバリバリ働いて成長している人もいます。

じつは東大生は意外と保守的な人が多いんです。保守的な人というのは、見方を変えると、新しくなにかをすることをおそれて行動できない人たちといえます。そんな東大生のなかで、彼女の行動力はずば抜けて光って見えました。言いわけをして行動しないより、とりあえず行動する人たちはいつも楽しそうです。スマホ1つで情報をいくらでも集められるようになったいまでは、行動力が最も差を生む1つの要因かもしれません。ぼく自身も、「やらずに後悔より、やって後悔」という気持ちを大事にしています。みなさんもなにかに挑戦したいと思ったときは、この言葉を思い出してください。

自分の信じる道を 突き進む人はかっこいい

最後に、クイズやプログラミング、動画編集など、それぞれの「好き」や「得意」をよく知っている人たちの話をして終わりたいと思います。

まず、クイズのできる彼は、「東大王」というテレビのクイズ番組に出ています。彼はなにをするのかを決めるのがとても上手です。自分はなにができて、なにができないのか、なにが好きでなにが嫌いなのかをよく知っています。周りに流されない自分を持っていてかっこいいです。彼はテレビで見かけるときも堂々としており、自分を持っている人はどんな場でも落ち着いているという印象を受けました。

とてもプログラミングができる友人に、「プログラミングのエラーが嫌いだからエンジニアにはならない」という人がいます。彼も得意なことや、やりたいことのバランスを見極めたうえで自分の進む道を決めていてかっこいいです。もう1人、いま動画編集を頑張っていてプログラミングもできる別の友人は、ケーキ屋で働いています。彼も自分にはどれがストレスでどれがストレスでないかをわかっていて芯がしっかりしています。

みなさん、いかがでしたでしょうか。経歴や肩書きがすごい人は多いかもしれませんが、ぼくは、こういった自分が信じる道を突き進む勇気を持っている人が一番かっこいいと思います。

ただ、自分が信じる道を進むためには、周囲を納得させたり、協力してもらう必要があります。そのためにも、経歴や肩書きは重要になってきます。ひとまず、受験生の方は勉強を頑張れば、自分のやりたいことを認められやすくなります。ぜひ、自分のやりたいことをやるためにも勉強に力を入れてください。

※東大入学後に１年間の特別休学期間を取得し、ボランティア活動や就業体験など様々な社会体験活動に自主的に取り組むプログラム

キャンパスデイズ 十人十色

京都大学

工学部2年生

山本 雄太（やまもと ゆうた）さん

これまでの学びを発展させて人に役立つ機械を作る

Q 京都大学工学部物理工学科を選んだ理由を教えてください。

もともと歴史が好きだったので、京都という歴史のある町で学生生活を送れたらいいなと思っていました。実家のある東京から離れているので、一人暮らしもできますしね。

工学部物理工学科を選んだのは、小さいころからものづくりが好きで、ここなら自分のやりたい勉強ができると感じたからです。なにかを研究することにも興味があったため、ノーベル賞受賞者を多数輩出するなど、理系の研究力が高いと評価されている点も、進学の決め手でした。

Q 工学部物理工学科ではどんなことを学んでいますか？

1年生では物理学の概要を学び、なにを研究していきたいかによって、2年生では5つのコースに分かれ、徐々に専門的な内容を学び始めます。研究室に配属されるのは4年生になってからで、そのころには自分の研究を進めていくようになります。

いま2年生の私は、物理工学科の半数が所属する機械システムコースを選んだので、物理学のなかで「4力」と呼ばれる、流体力学、熱力学、材料力学、機械力学をメインに勉強をしています。そのほかに、高校で学ぶ微分・積分をより発展させた数学の授業などがあります。

苦労して学んだ基礎がものづくりに活かされる

Q 印象に残っている講義はありますか？

1年生で履修した「物理学実験」※は大変でした。地球の自転のコリオリ力を調べるために振り子の揺れを観察した際には、手ブレでうまく計測できずにやり直しをしました。1回の実験は20～30分ほどなのですが、失敗すれば最初からになります。

※等速で回転しているものの上で運動する物体に働く慣性の力。運動する物体が回転方向とは逆方向に曲がる。地球の自転によっても発生し、進行方向に対して北半球では右向き、南半球では左向きに曲がる

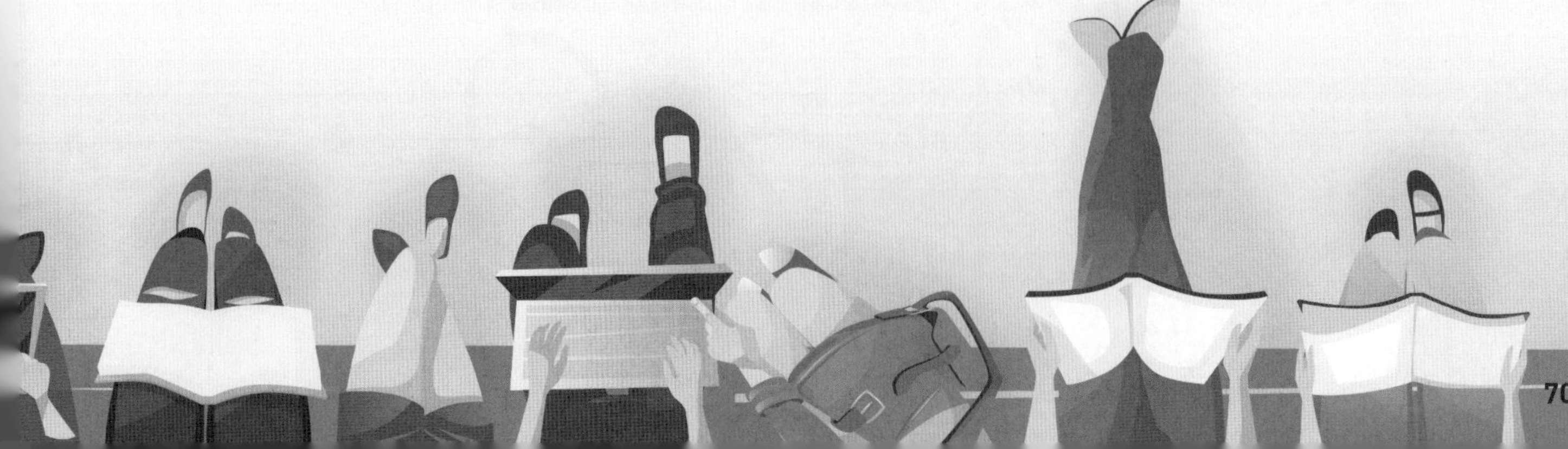

さらに、実験のレポートも提出しないといけません。最初はその書き方も学びながら進めていくため、より時間がかかりました。

そういった実験やこれまでやってきた勉強の基礎の重要性を知ったのが、「機械設計製作」の授業でした。

ここではおもに車を題材として、ボディーやホイールなどの部品を作る手順や、その加工方法、そして、複数あるなかからどういう基準で加工方法を選ぶのか、といった実戦的な知識を学びました。

これまでやってきた勉強がどう役に立つのかがわかりませんでしたが、基礎の積み重ねが機械作りにつながって、人の役に立てることが実感できた有意義な時間でした。

Q 京都大学の魅力はどんなところですか？

よく東京大学と比べて「自由の京大」と言われますが、確かにその通りだと思います。ほとんどの授業で出席を取りません。試験を突破できる力が身につけられれば、好きなようにやっていいというスタンスです。

自分のペースで課題をやれるので、周りの進度に合わせて勉強をするのが苦手な私にはありがたいです。

Q 将来はどんな職業につきたいですか？

航空機や車のシステム開発に携わりたいと思っています。小さいときに「下町ロケット」というドラマで、最高レベルのものを作り出す工夫や困難を乗り越える姿を見て、やってみたいなと思ったのがきっかけです。大学院に進んで研究を深めたあと、メーカーに就職して夢をかなえられたらと思います。

Q 高校、大学と剣道部に所属しているそうですが、違いはありますか？

練習はもちろん、運営も含めて、自主性が高くなったと思います。

教えてくれる師範はいますが、技術は仲間同士で教えあいますし、大会の申し込み、遠征や練習試合の企画なども自分たちで行います。

ＯＢ会費や年に1度発行する部誌の広告収入などで、1年で約１１００万円の予算があるので、そのなかから活動費をやりくりしています。

私は1年生のときに、ＯＢへのメール配信を担当しました。試合があれば1週間以内に戦績をまとめたものを送信し、遅れることのないように気をつけながらやっていました。

Q 読者のみなさんへ、メッセージをお願いします。

中学校の数学では座標を習うと思います。この座標はこの先も高校、大学と使い続けていく武器であり、物理の根幹となるものです。

このように中学で学ぶ基礎の部分が将来的に大事になるので、それをしっかりと理解することが大切です。

TOPICS

理系への進学は努力でも勝ち取れる!

高校時代に一番苦手だったのが数学。模試では120点中10点取れるかどうかで、学校のテストで学年最下位を取ったことも。それでも理系に進みたかったので、勉強方法から見直しました。

気をつけたのは公式を暗記するだけにしないこと。公式がなぜ成立するのかを理解していなかったので、見たことのないパターンの問題が出ると、まったく解けませんでした。

それに気がついてからは、公式の仕組みを学ぶことから始め、1時間かかっても自分の頭で考えて1つずつ段階を追って問題を解くことを心がけました。

結果だけわかればいいという方法では、いつか限界が来てしまいます。焦らずしっかりと基礎を固めましょう。

京都大学剣道部と東京大学剣道部による定期戦は、双青戦と呼ばれており、1年間で最も盛り上がる伝統的な試合です。

大学の部活動ではOBと現役部員とのつながりが高校までと比べてはるかに密接で、OBがコーチとして指導してくれます。

海外の英語の論文を読みながら、大学の数学を勉強しています。大学生になって、英語の論文を読んで学習することが増えました。

ちょっと得する

読むサプリメント

ここからは、勉強に疲れた脳に、ちょっとひと休みしてもらうサプリメントのページです。
ですから、勉強の合間にリラックスして読んでほしい。
このページの内容が頭の片隅に残っていれば、もしかすると時事問題や、
数学・理科の考え方で、ヒントになるかもしれません。

先生の負担を減らすため IT化された「採点システム」が活躍開始！

デジタル採点システムの採点画面、同じ問題の解答が一覧でき、画面上で○、×、△をつけることができる（大日本印刷のHPより）

採用で採点作業時間が半分に

“ブラック職場”とまで言われ、就職先として人気がなくなってきているのが、「学校の先生」だ。

部活動、授業準備、生徒指導、保護者対応など、確かに先生の仕事は次から次へとつながっていて、まさに休む間もない忙しさ。

それでも働き方改革が叫ばれ、部活動の外部委託など、少しずつではあるが改善の兆しもみえてきた。

そんななかで、いま注目されているのがIT化された「デジタル採点システム」の登場だ。IT化とは、IT技術やデジタル技術を駆使して業務を効率化することだが、このシステムを導入した学校では、「教員の負担が大きく減った」と評判を呼んでいる。

学校生活で、みんなが嫌いなモノといえば定期試験だろう。じつは、先生にとっても定期試験は問題の作成から採点、集計、学年全体での共有、評価、答案返却、改善と、長時間の作業を伴うもので、負担が大きかった。なかでも採点にかかる時間は膨大で、答案返却までの時間も短いため、夜遅くまでの作業が日常となっていた。

救世主となったデジタル採点システム

そこに現れた救世主がデジタル採点システム。

先生たちは答案用紙に向かって○×をつけるのではなく、生徒の答案をいったんデジタル化してパソコンに取り込み、パソコンに向かって採点するシステムだ。

私立校を中心に採用が広がり、このほど東京都立高校の200校余りにも導入された。

採点は従来、１人ひとりの答案に正答なら○、誤答では×を赤ペンで書き入れ、全問見終わったら、配点をかけ合わせて合計点を記す形だった。

面倒なのは△もあること。正答と誤答のはざまなので微妙なニュアンスも読み取らねばならない。そのためにはほかの生徒の△と見比べるため、ほかの答案から△を探し、引っ張り出してきて比較する作業が必要だった。

デジタル採点なら、全員の答案が読み込んであるから、ある問題に対する全員の解答を１つの画面に並べて表示することができ【写真】、その場で全員の○×をつけることができる。

採点を生徒ごとに行うのではなく、問題ごとにつけていく。あいまいな△も同じ画面で比較しながら採点することができる。

採点が終われば、すぐに各生徒の合計点が自動集計され、クラスや学年集計、平均点や問題ごとの正答率の割り出しも瞬時に行われる。

返却答案は、デジタルで各解答の上に、○×△が印字されてプリントアウトされる。

東京都教育委員会によると１回の定期試験にかかる時間は、従来の赤ペン採点16時間に対し、デジタル採点では８時間と、大きな時短になるという。

問題ごとの正答率がひと目でわかることも重要な要素だ。生徒全体、また個々の理解度を計るものさしになるからだ。次回の難易度調整にも利用できるという。

先生たちの時間に少しでも余裕が生まれるのも大歓迎だ。みんなと話したり、相談を持ちかけたり、交流する時間が増えるからね。

このページは79ページから読んでください。

記　号	意　味	例
＋	加算	C ＝ A ＋ B
－	減算	C ＝ A － B
＊	乗算	C ＝ A ＊ B
/	除算	C ＝ A / B
%	余りを求める	C ＝ A % B

【表2】 計算に使える記号（演算子）

余りを求める演算子「%」だ。この演算子を使えばいい。

ラム： そうか。3の倍数を求めるとき3で割ると余りが0になるのだから変数をvalueとすると
value%3==0
とすればいいんじゃない？　プログラムを書いてみました **【図14】**。

らくらく先生： 少しずつやるといいよ。条件が成り立ったときは、ラムさんが書いたように「3の倍数です」と表示しよう。条件に合わないときは数値を表示すればいい。

ログ： elseですよね **【図15】**。

らくらく先生： 少しずつ完成に近づいてるね。5の倍数を追加しよう。

ラム： ちょっと前に勉強したelifですね **【図16】**。楽しいわ。

ログ： あとは15の倍数を書けば完成だ **【図17】**。アレッ、うまくいかない。「3の倍数」と表示されてしまう。なぜだろう……。

ラム： わかったわ。順番よ。きっと。

15を判定する前に3や5の条件が来ているからいけないんだわ。条件式を並び替えてみましょう **【図18】**。うまくいったわ！

らくらく先生： すごいよ。少しずつやっていけばできるんだね。

最後に宿題として応用問題を出そう。

応用問題： いまプログラムでは値を書いている。最後の **【図18】** ではvalue ＝ 15と書いたね。

これを前回勉強した繰り返しを使って1から100まで繰り返すようにしてほしい。概略の構造を **【図19】** に書いておくよ。きっとできるよ。ガンバレ！

（つづく）

1～100繰り返し
if文

【図19】 繰り返し構造のなかに選択構造（if文）がある例

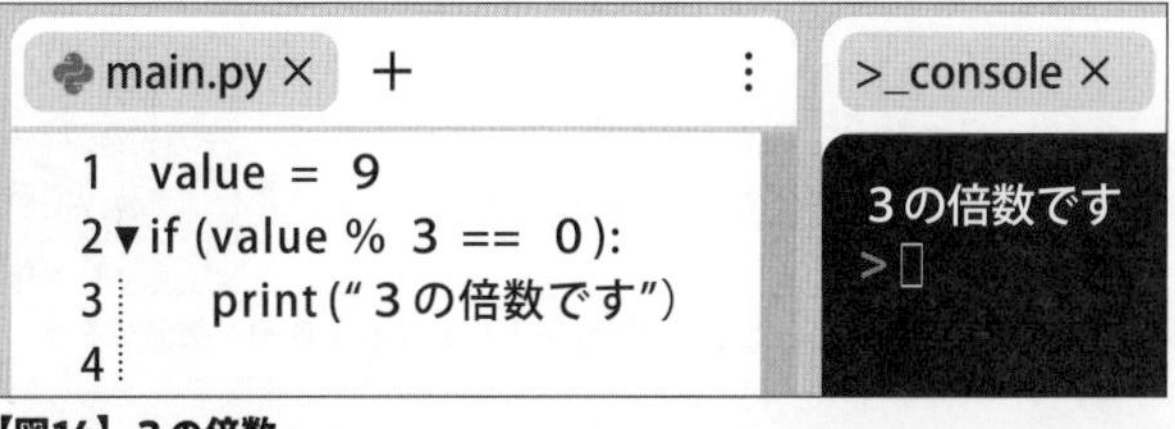
main.py ×
>_console ×
value = 9
if (value % 3 == 0):
print("3の倍数です")
3の倍数です

【図14】 3の倍数

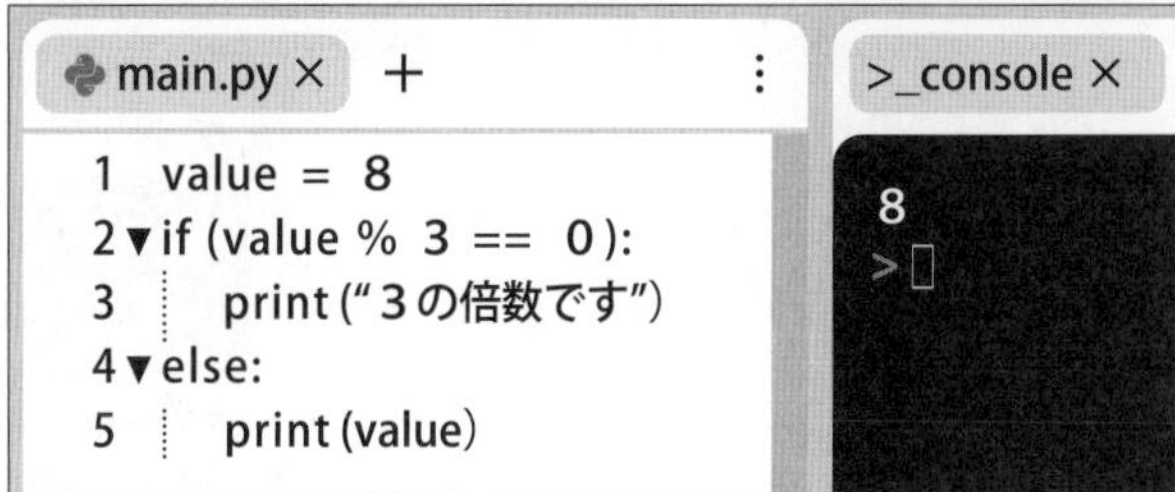
main.py ×
>_console ×
value = 8
if (value % 3 == 0):
print("3の倍数です")
else:
print(value)
8

【図15】 3の倍数とそれ以外

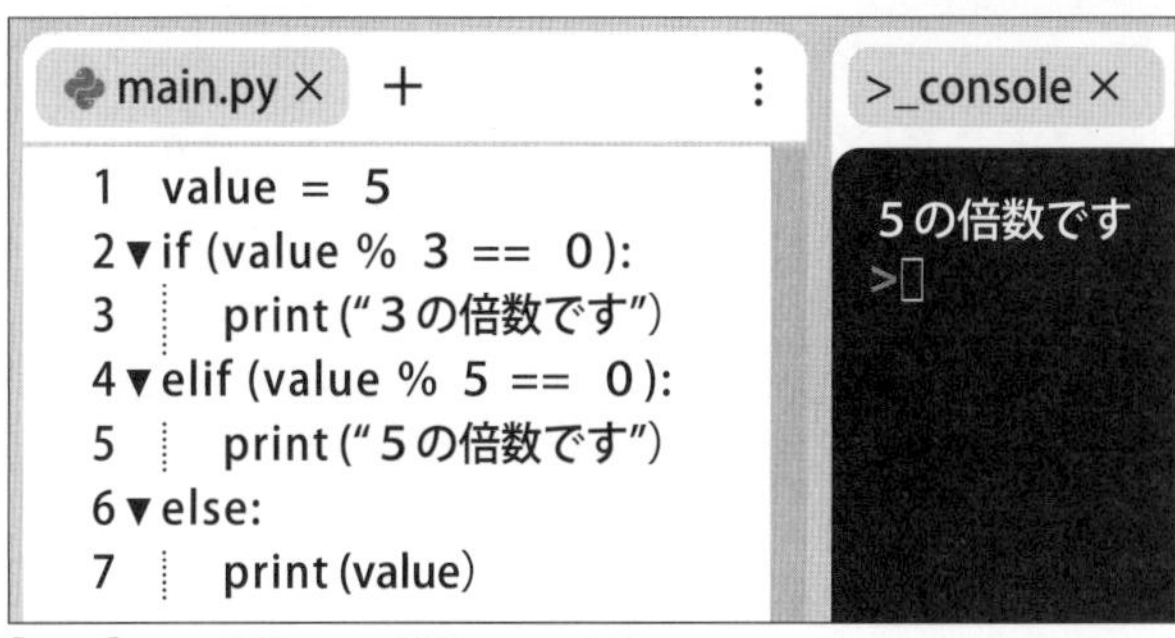
main.py ×
>_console ×
value = 5
if (value % 3 == 0):
print("3の倍数です")
elif (value % 5 == 0):
print("5の倍数です")
else:
print(value)
5の倍数です

【図16】 3の倍数、5の倍数とそれ以外

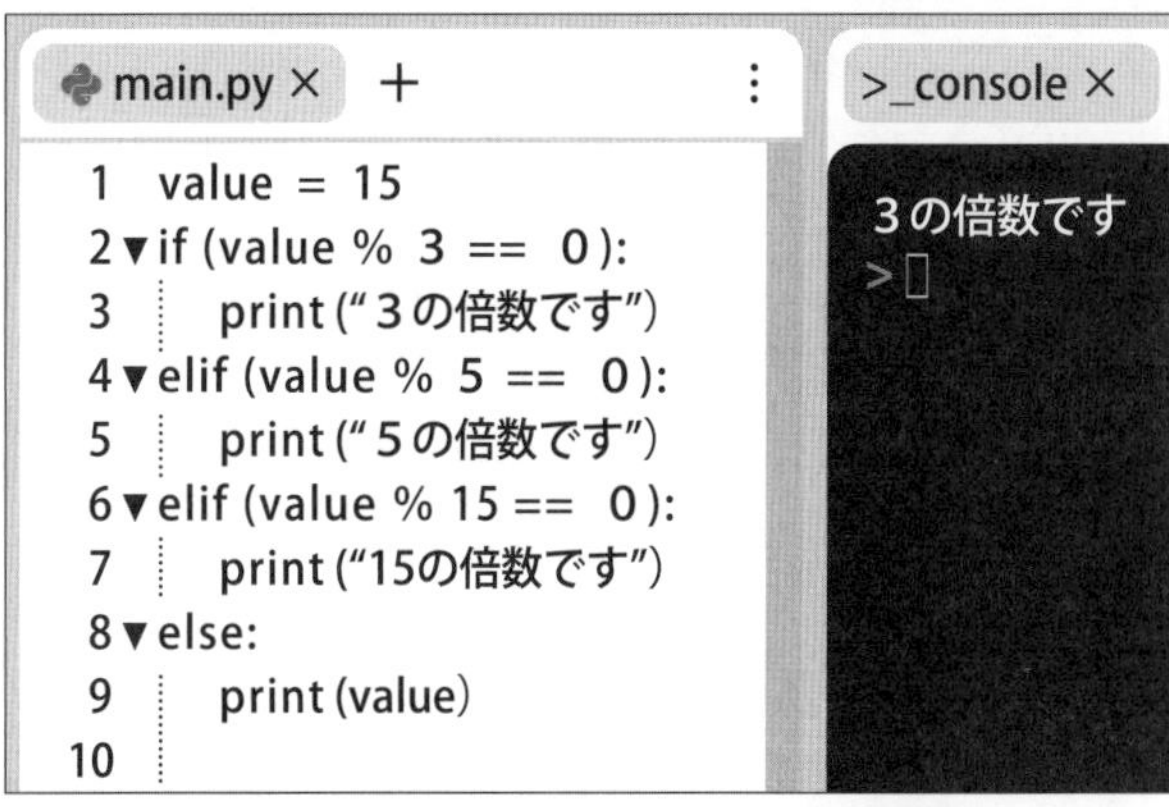
main.py ×
>_console ×
value = 15
if (value % 3 == 0):
print("3の倍数です")
elif (value % 5 == 0):
print("5の倍数です")
elif (value % 15 == 0):
print("15の倍数です")
else:
print(value)
3の倍数です

【図17】 3の倍数、5の倍数、15の倍数とそれ以外（未完成）

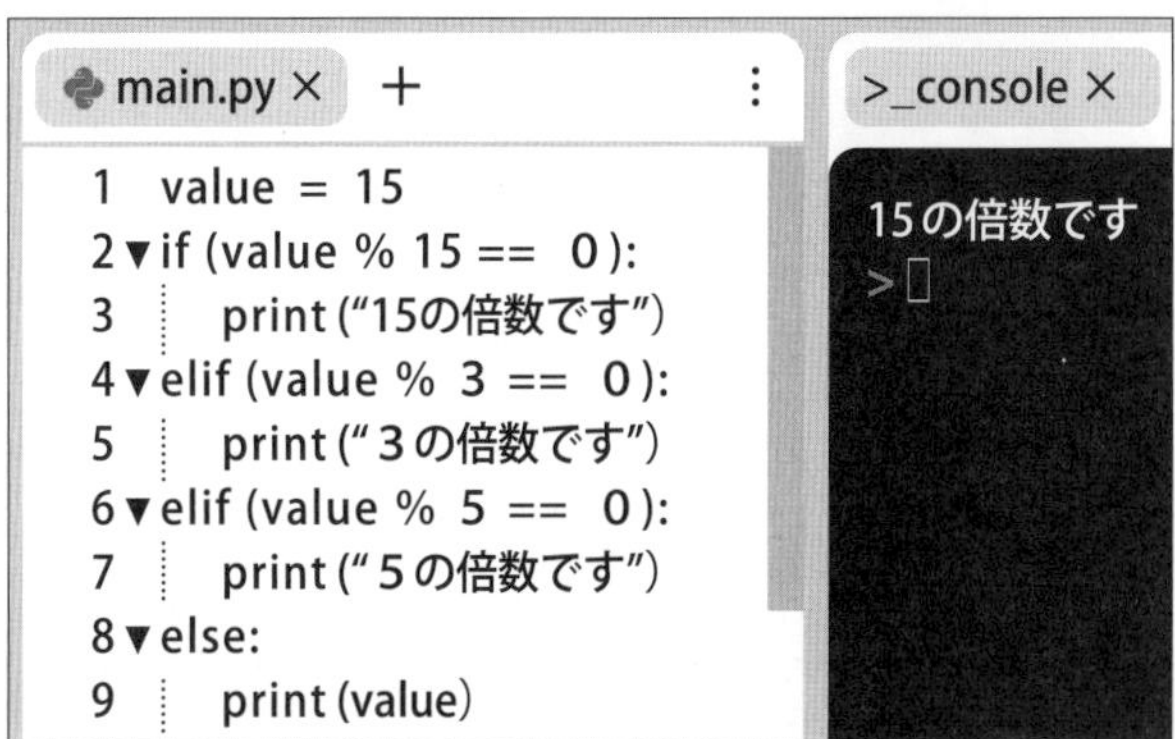
main.py ×
>_console ×
value = 15
if (value % 15 == 0):
print("15の倍数です")
elif (value % 3 == 0):
print("3の倍数です")
elif (value % 5 == 0):
print("5の倍数です")
else:
print(value)
15の倍数です

【図18】 3の倍数、5の倍数、15の倍数とそれ以外（完成版）

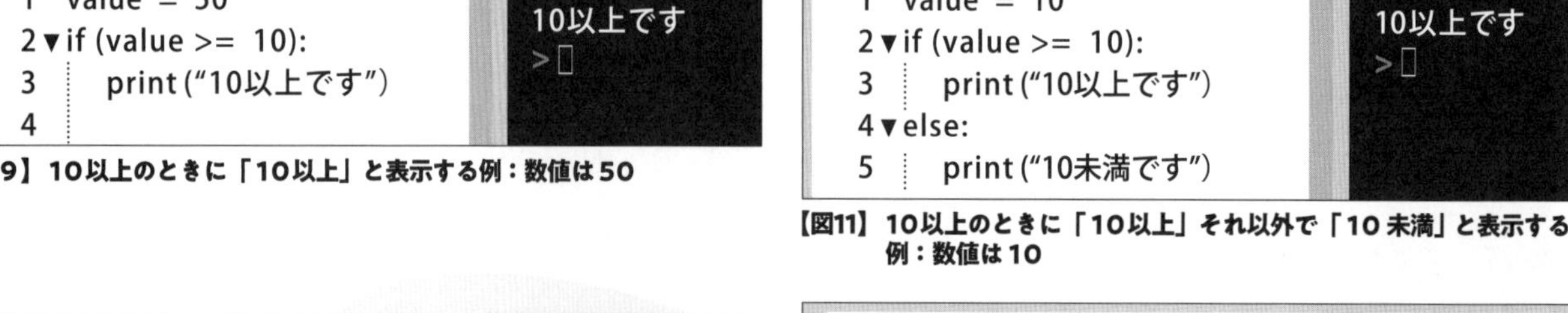

【図9】10以上のときに「10以上」と表示する例：数値は50

【図11】10以上のときに「10以上」それ以外で「10未満」と表示する例：数値は10

```
value = -10
if (value >= 10):
    print("10以上です")
```

```
>
```

【図10】10以上のときに「10以上」と表示する例：数値は-10

```
value = -10
if (value >= 10):
    print("10以上です")
else:
    print("10未満です")
```

```
10未満です
>
```

【図12】10以上のときに「10以上」それ以外で「10未満」と表示する例：数値は-10

うか条件が成り立たなかったときはなにも書いてないからなにも出なくて正解なんだ。わかっていても自分でプログラムを実行して、確認することで理解が増したね。

「else」と書くと「それ以外」が表示される

らくらく先生：次は条件式が成り立たなかったときにも処理がある場合の書き方だ。

条件が成り立っている間のインデントを終了し、else:と書くよ。elseは「それ以外」という意味だ。

elseには条件がないのでコロンを書くだけで、なにも書かないよ。条件が成り立たなかったときに「10未満です」と表示してみよう**【図11】**。

ここでは10で試したから、まだ「10以上です」の表示だ。

「elif」を知ればできることが一気に広がる

ログ：確認のために、さっき書いたマイナス値で調べてみます**【図12】**。「10未満です」が表示されました。

ラム：おもしろい！　でも、2択より多い3択などの選択条件があるときはどのようにするんですか？

らくらく先生：じゃあ、elif文を覚えよう。elseには条件が書けなかったけど、elseのときも条件を書きたい場合に使うのがelif文だ。

else if を縮めたものってわけ。

【図13】を見てほしい。valueの値が1のときは「1です」、2のときは「2です」、3のときは「3です」、それ以外は「それ以外です」と表示させる例だ。

```
value = 1
if (value == 1):
    print("1です")
elif (value == 2):
    print("2です")
elif (value == 3):
    print("3です")
else:
    print("それ以外です")
```

```
1です
>
```

【図13】elifの使用例

ログ：いくつでも条件を追加できるのですね。最後に必ずelseがあるのですか？

らくらく先生：いや、elseがない場合もあるよ。場合分けをどのようにするかで決まってくる。

だいたいわかってきたようなので応用問題をやってみようかね。

この問題は、もとはイギリスの幼稚園での数歌遊びだ。

問題：数値が3の倍数のときは「Fizz」、5の倍数のときは「Buzz」3と5のどちらかの倍数（15の倍数）のときは「FizzBuzz」、それ以外は数値をそのままいうというのが幼稚園の数歌遊びだ。これをプログラムで作ってみよう。

まずはプログラムでなく、ちょっと書いてみるよ。

1，2，Fizz、4、Buzz、Fizz、7、8…となっていく問題だね。いくつか大事なことがあるので確認しておこう。3の倍数を調べるにはどうすればいいかな。

ラム：3の倍数は3で割って割りきれる数のことですよね。よい方法が思いつかないわ。

ログ：これまで勉強した方法でできるんですか？

らくらく先生：次ページの**【表2】**を見てほしい。以前、四則演算に使える演算子を勉強したよね。そのなかに見慣れないものがあったと思う。

75ページ本文につづく➡

このページは79ページから読んでください。

い例だ。

【図5】は条件が成り立ったときにする処理と、条件が成り立たなかった場合にする処理がある場合だ。

ラム：具体的な例ではどんなものになりますか。

らくらく先生：【図4】のタイプを考えよう。マラソンをして30位までは記念メダルをもらえる場合だ。

【図6】に示したよ。

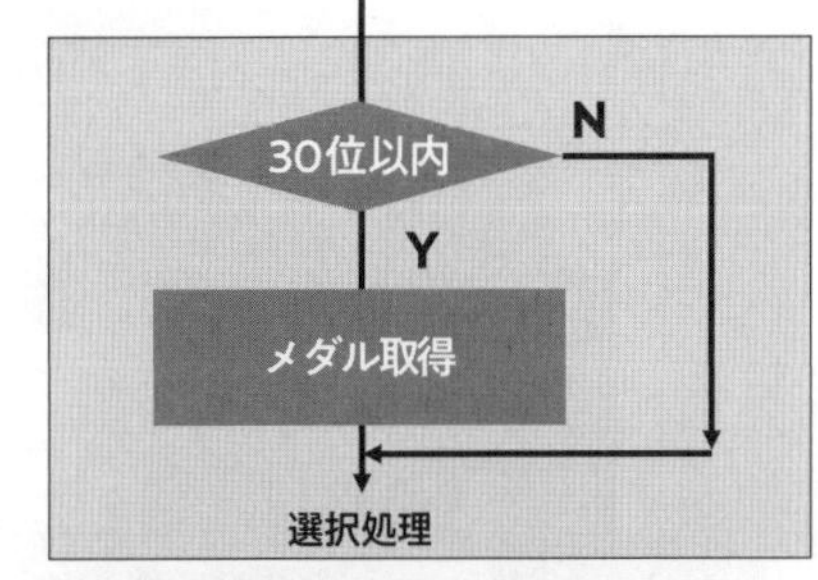

【図6】選択処理文の基本の流れ（具体例）

ログ：なるほど。【図5】の例を考えました。2択の問題ですよね。食堂に行ってラーメンとカレーのどちらかを食べる場合を考えました。

【図7】ですけど合っていますか？

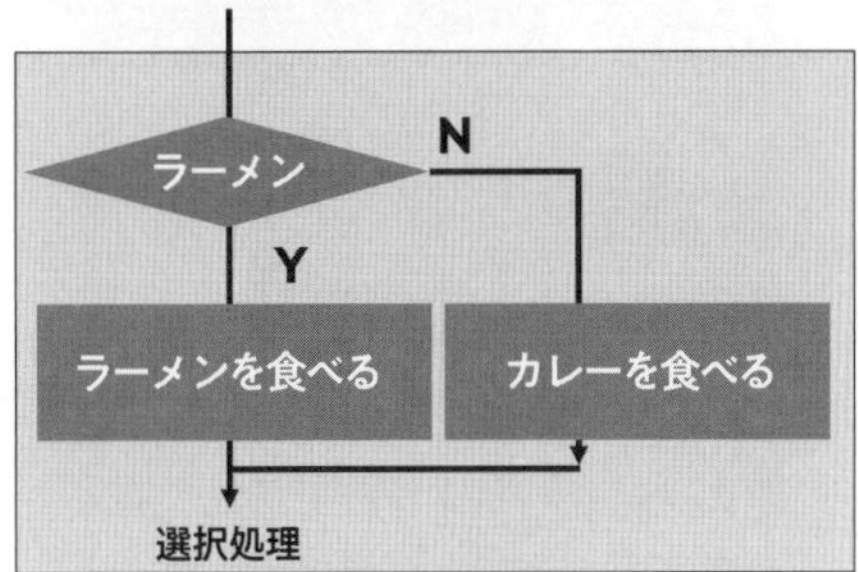

【図7】選択処理文の基本の流れ（具体例）

ラム：食いしん坊らしい発想ね（笑）。でも、いいんじゃない？

らくらく先生：すぐ例を考えたね！これはすばらしい反応だよ。身近な例を色々考えてみるといい。

繰り返し構造のときに示したけれど、比較演算子をもう一度【表1】に書いておくよ。条件を調べるときの基本だからね。

プログラムは繰り返し構造の応用で書ける

らくらく先生：では、さっそく実際のプログラムで作ってみよう。

今回もこの誌面ではPythonを使って説明するけれど、その他の言語を使っている人は、Webページ（79ページ前文参照）の説明を読んでもらうといいと思います。

Pythonでは繰り返し構造のときにその範囲を示すためにインデント（字下げ）をしたのを覚えているだろうか？　選択構造でも同様だ。条件が成り立ったときに行う処理をインデントして書くんだ。まずは変数を定義して、値を10にして10以上だと画面に10以上と書くプログラムを作ってみよう。

数値はキーボードから入力してもいいのだけれど、今回の選択構造の部分を強調するために数値は定義して使うことにしよう。

前回の繰り返し構造を思い出しながらやってみよう。「これでいいかな？」と思いながら作っていくのがいいんだよ。失敗してもOK。

コンピュータが壊れることはないから心配しなくていい。自分でキーボードから入力したプログラムが動くのを見るのは楽しいよ。変数の名前を今回はvalueにしておこう。

【図8】にプログラムと実行結果を示すよ。繰り返し構造ではwhileという命令を使ったけれど、選択構造ではifを使うよ。

ifは「もしも」という意味だね。

( )のなかに条件式を書く。今回は変数valueが10以上かどうかを調べる。条件式のあとにコロン（：）を書くのも繰り返し構造と同じだね。

valueの値を10にしているので当たり前だけれど表示として「10以上です」と実行画面に出ているね。

条件が成り立ったときは画面に表示するprint文をインデントして書いている。

今回はこれで処理が終わりなので、それ以外はなにも書いていない。ほかに処理があるときはインデントをしたまま処理を追加して書いていく。

ログ：いまは数値が10なので、10以上と出たけれど、別の数値ではどうなりますか？

ラム：数値を修正して実行してみましょうよ。50にしてみるわ【図9】。

50も10以上だから「10以上です」と表示され、うまくいっている。

ログ：10以下のときはどうかな。マイナスの値でも大丈夫かな【図10】。

あれ、なにも画面に出ないぞ。そ

【表1】条件式に使える比較演算子

演算子	使用例	意味
==	a == b	a がbと等しい
!=	a != b	a がbと等しくない（異なる）
<	a < b	a がbよりも小さい
>	a > b	a がbよりも大きい
<=	a <= b	a がb以下である
>=	a >= b	a がb以上である

= は演算子の右側。演算子の間にはスペースは入れない

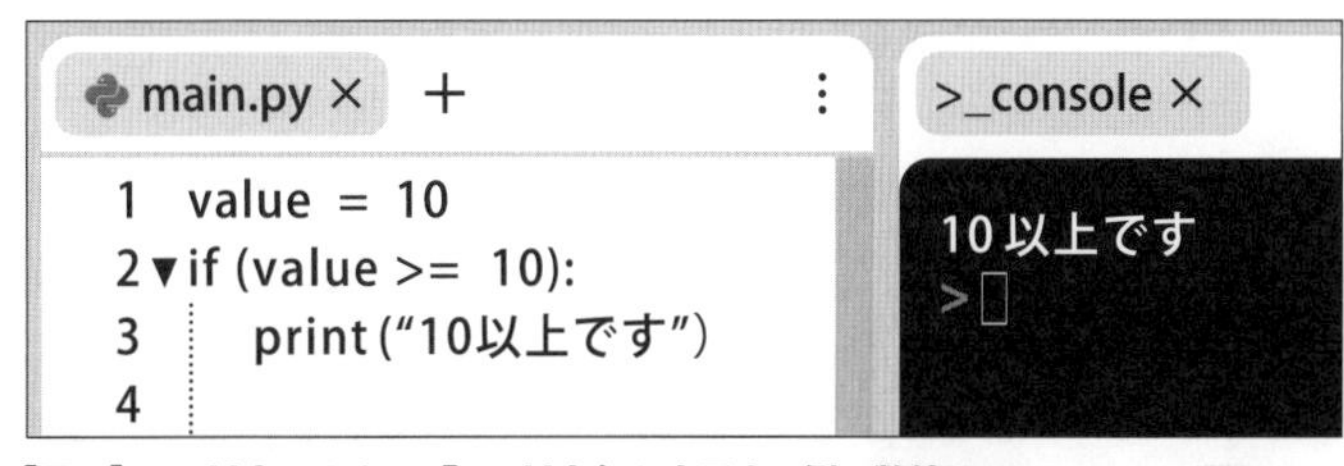


```
value = 10
if (value >= 10):
    print("10以上です")
```

【図8】10以上のときに「10以上」と表示する例：数値は10

ログ：確かにスマホはカメラの性能がいいのか、きれいに撮れますよ。写真をSNSで共有して楽しんでます。

らくらく先生：スマホの写真は**【図2】**に示したように、拡大して分解してみると「画素」という小さな点の集まりでできていて、さらに赤(R)、緑(G)、青(B)の3つの要素でできているんだ。

ラム：3つの色が合成されて、本当の色が表現されるんですよね。全部重ねると白になると聞きました。

らくらく先生：そうなんだ。各色を表現するのに、それぞれ8ビットのデータが使われていて、正の整数として格納されている。

ログ：マイナスの色はないからですね。

らくらく先生：先ほど説明したように各色の濃度は0～255までの256段階で表現できるんだ。例えば灰色を考えてみよう。一番暗くて濃い灰色はどんな値になるかな。

ラム：灰色は赤、青、緑が同じ値ですよね。このすべてが0ですか？

らくらく先生：そうだね、濃度が最も暗い灰色、実際には黒だね。では、逆に一番明るい灰色はどんな値になるかな？

ログ：同じようにすべての画素が一番明るい値、255は白ですね。

らくらく先生：そうだね。灰色といっても色々な灰色があることがわかるね。日本は世界でも色にたくさんの名前をつけている国の1つだ。灰色だけをとっても少し濃度の違う色を含めてたくさんあるので調べてみるといいよ。ちょっとずつ色の濃度を変えることで自然界にある色を表現しているんだね。

では全部の色を組みあわせると、いくつの色を表現できるだろうか？

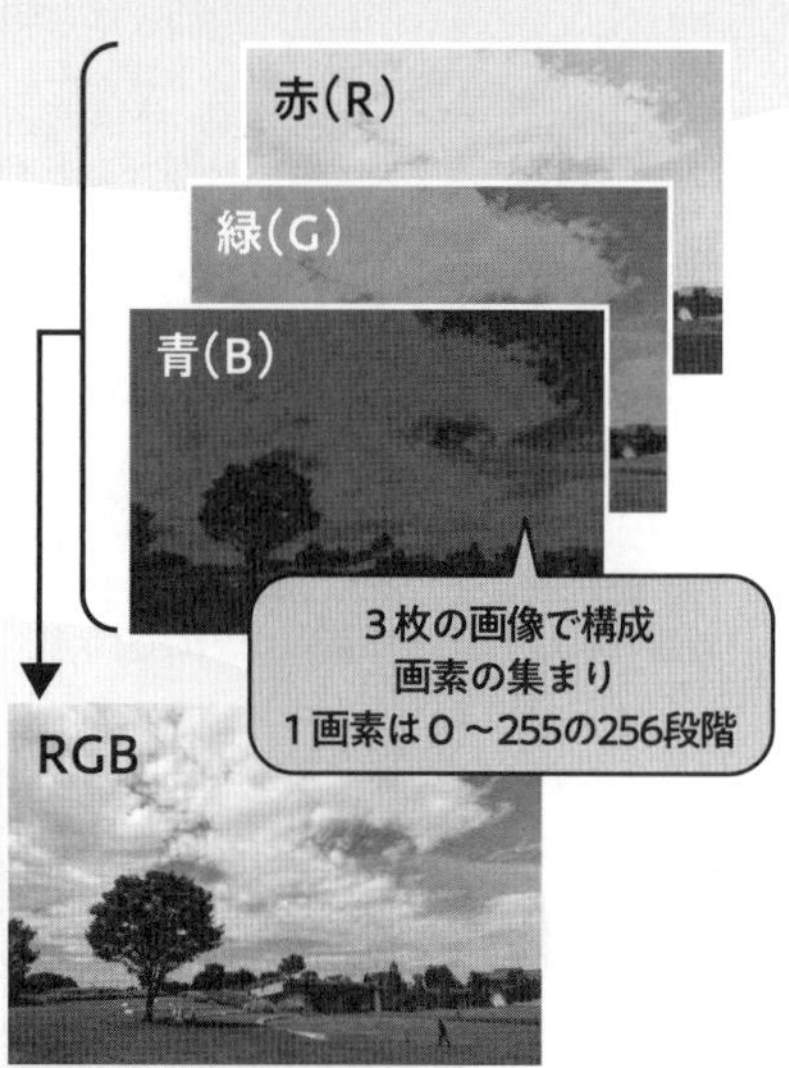

【図2】写真と画素

ラム：赤が256通り、緑も256通り、青も256通りだから、すべてをかけ算するといいのではないでしょうか？

らくらく先生：ラムさん鋭いね。計算してみよう。

256x256x256=16,777,216

16777216になるね。一般に1600万色と表現されているよ。

ログ：すごい数！　だからスマホで撮ると自然な色に見えるんだ。

「選択構造」をフローチャートで勉強しよう

らくらく先生：ビットの話はこれくらいにして、今回の「選択構造」に入ろう。

選択構造に入る前に前回の「繰り返し構造」を復習しておこう。

【図3】が繰り返し構造の基本だったよね。条件が成立している間、繰り返して、なんらかの処理をするんだったね。

こういう図を「フローチャート」というけれど、フローチャートでは条件を調べるところに「ひし形」の記号を入れて表すよ。**【図4】**でYと書いている部分が、条件が成立したときの「Yes」=「はい」で「真」にあたる部分で、Nと書いてある部分が「No」=「いいえ」で「偽」にあたる部分だ。このようにフローチャートでは、略してY、Nと書くことが多いよ。これからは、このページでもYとNで示すからね。

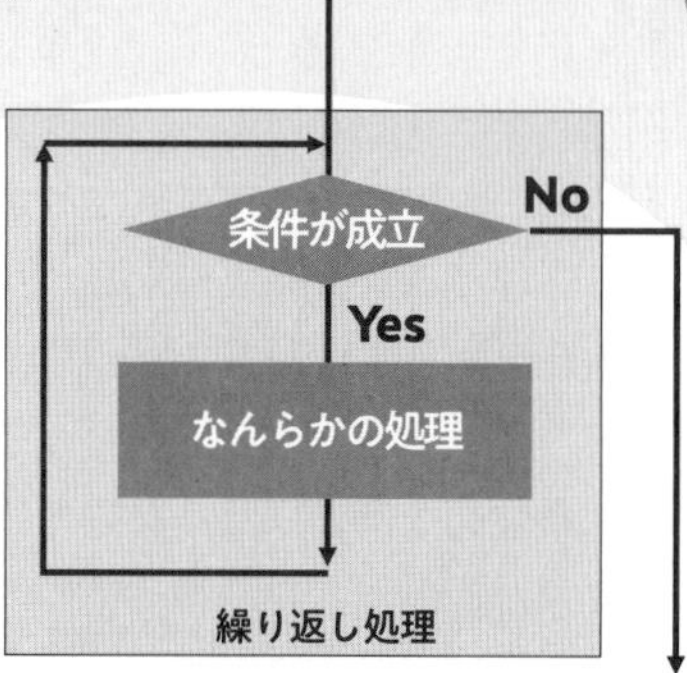

【図3】繰り返し処理文の基本の流れ

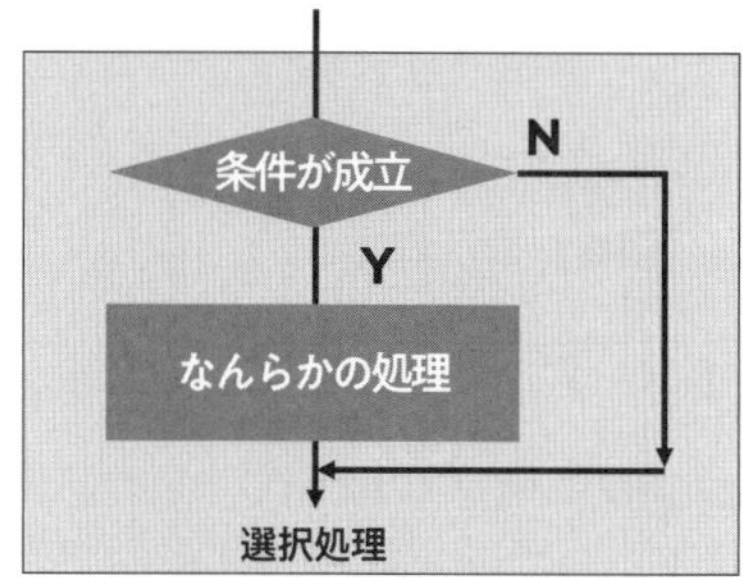

【図4】選択処理文の基本の流れ（1）

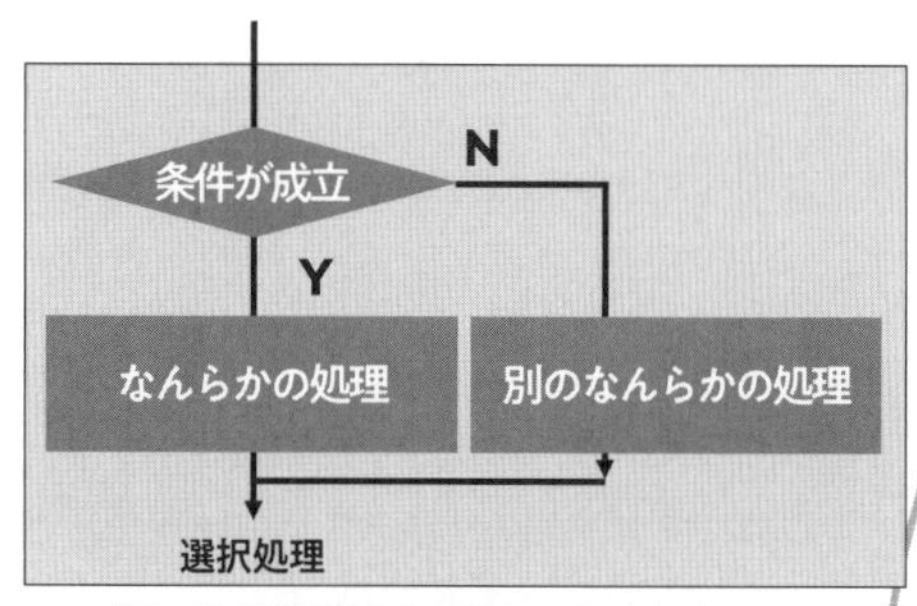

【図5】選択処理文の基本の流れ（2）

さて、**【図4】**は選択構造を表している。実行しているものが繰り返して使われる場合が繰り返し構造、単なる選択に使われる場合を選択構造といっているわけだ。基本的に選択構造は2種類の形になっている。

【図4】は、条件が成り立ったときになんらかの処理をする場合で、条件が成り立たないときはなにもしな

77ページ本文につづく➡

for 中学生
らくらくプログラミング

プログラミングトレーナー　あらき はじめ

第6回

　みなさん、プログラム作りは楽しくなってきましたか。誌面のラムさん、ログくんも、その楽しさがわかってきたみたいです。ラムさん、ログくんの疑問に、らくらく先生が答えながら、解説していきますので、みなさんも2人といっしょに頑張りましょう。

　解説部分は下のQRコードからWebページの【第5回】に入れば、誌面とリンクした内容で、さらに学びを深めることができます。

URL：https://onl.sc/qU5aZFH

あらき はじめ　この春まで大学でプログラミングを教えていた先生。「今度は子どもたちにプログラムの楽しさを伝えたい」と、まだまだ元気にこの講座を開設。

画像：Turn.around.around/ PIXTA

「選択構造」を勉強しよう 重要なのは「順番を正しく」

ラム：先生！　今回の話、「選択構造」に入る前に質問があります。

らくらく先生：どんな質問かな？

ラム：前回の最後に－1のビットパターンを示していただいたんですが、このパターンは－1ではなく、255のパターンではないんですか？

らくらく先生：いい質問だね。そうだよね。9ビット目を追加すると256になるから、そこから1を引いた値が、いままで勉強してきた値だったよね。

　じつは、いままで勉強してきた数値の扱い方は正の整数を扱う方法だったんだ。前々回、マイナスの値を扱うときには「2の補数」という言葉で検索してみてほしい、とお願いしたと思うんだけど、覚えているかな（10月号P80文末）？　通常の整数はこの2の補数表現で扱うんだ。2の補数表現で－1が、前回示した【図1】になっているんだね。

ログ：いままで勉強してきた正の整数は使わないということですか？

らくらく先生：同じ8ビットを使って正の整数だけを扱うと0～255まで表現できる。

　2の補数を使うと、－128～127まで扱うことができる。目的に応じて使い分けをしていくよ。

ラム：正の整数を使う例はありますか？

らくらく先生：君たちはPCやスマホで画像を扱うよね。スマホで撮った写真はきれいでしょ。

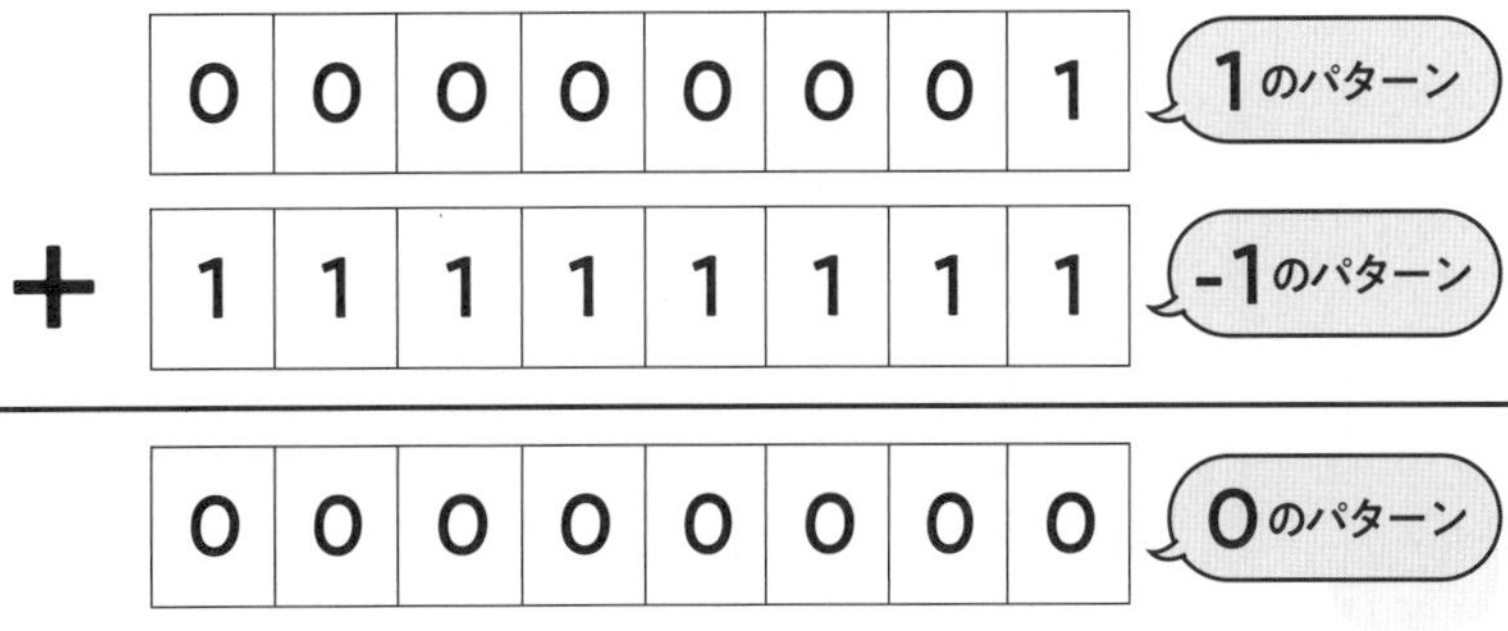

【図1】1+（−1）

The most
Advanced
Sciences
Navigation
028

マナビー先生の
最先端科学ナビ

FILE No.028

宇宙ごみ回収衛星

宇宙の厄介者を掃除して クリーンな空を取り戻す

いま、この時間も地球の周りでは数えきれないほどの人工衛星が回り続けている。人工衛星は各国が競うように打ち上げ続け、長い年月のうちに多くの衛星は寿命が近づいて地球を回る軌道を維持できなくなる。すると、だんだん高度が下がり、大気圏まで落ちると大気との摩擦で燃え尽きてしまうという運命をたどる。

ところがすべての衛星がそのような寿命を全うできるわけではなく、技術的な問題でコントロールが効かなくなったまま回り続けているものもある。途中で物体と衝突して、破片が飛び散ったものもあるそうだ。

ひどい例では防衛のための実験と称して打ち上げた衛星をミサイルなどで破壊した例もある。

これまでにわかっているだけで1万3600機以上の衛星が打ち上げられ、そのうち8800機程度の衛星がいまでも宇宙空間を回っている。そのうち稼働している衛星は約6700機だという。あとの衛星は大きなごみと言え、このごみが、すでに長い間、地球の周りにいっぱい漂うことになってしまった。

いま問題が大きくなっているのが、宇宙ごみ、スペースデブリなどと呼ばれる厄介者の存在だ。1㎝未満のごみの数はなんと1億3000万個以上。10㎝以上では3万6500個にもなると推定されている。

このようなコントロールの効かない宇宙ごみがどうして問題なのだろうか。さきほど「漂う」なんて書いてしまったけれど、じつはこのごみは、そんななまやさしいものではなく、秒速7~8㎞というものすごい速さで地球を回り続けている。

スピードがあるから、小さな破片といえども人工衛星にぶつかったら、その影響は甚大だ。

ぶつかられた人工衛星は、いきなり機能が失われ、役に立たなくなってしまう。人を乗せた国際宇宙ステーションに大きな宇宙ごみが当たったら、人命にかかわる大事故だ。

このままでは安心して人工衛星を飛ばすことができなくなってしまう。

そこで宇宙ごみを回収するミッションが世界中の課題として浮かび上がってきたんだ。

いま、宇宙ごみを増やさないために、新しく打ち上げる人工衛星は必ず自身で大気圏へ突入し、燃え尽きることが義務として要求されている。

宇宙の掃除屋さんとして 日本の民間衛星に熱い期待

そこで、日本のアストロスケール(東京都)という企業が、宇宙の安全を維持し、世界の人工衛星が安全に航行できるよう、宇宙ごみの除去、低減のためにいち早く立ち上が

マナビー先生

大学を卒業後、海外で研究者として働いていたが、和食が恋しくなり帰国。しかし科学に関する本を読んでいると食事をすることすら忘れてしまうという、自他ともに認める“科学オタク”。

った。

技術開発を進め、2021年にデブリ除去技術実証衛星（ELSA-d）を打ち上げた。そして衛星とともにダミーのごみも打ち上げ、2022年にかけて回収実験を行ったんだ。

この実験で、強力な磁石を使用して、ダミーのごみの回収ができることを実証した。じつは、宇宙では回収用の衛星が自ら軌道を修正し、ごみに接近するということだけでも大変難しい作業といえる。そのためには広範なシステムエンジニアリング、航法誘導技術（GNS）などが必要になるからだ。

そして、ごみをどのように回収し、いかに大気圏に持ち帰り、大気圏に突入させてすべて燃やしてしまえるか、など難しい技術の開発と集積、実現には、これから挑戦しなければならない課題が山積みだ。

しかし、アストロスケール社は、同社だけではなく、多くの企業との協力でミッションを遂行しようとしている。

今後打ち上げられ、運用が終わったあと、軌道に残って回り続けている衛星の除去だけでなく、すでに軌道にある宇宙ごみの除去についても、イギリスの宇宙庁と、デブリ除去研究プログラムCOSMICの契約を結んで研究開発を始めている。このためにELSA-dを改良したELSA-Mも開発中で、2024年の打ち上げをめざしている。

ELSA-Mの最終的な衛星回収ミッションに先立って、アストロスケールの創業者でCEOを務めている岡田光信さんは、「この英国デブリ除去ミッションで、当社の技術革新、急速に拡大する英国の能力、そして世界クラスのデブリ除去サービスを開発するという揺るぎないコミットメントを示したい」と述べている。

しっかりと研究開発を進めて、宇宙ごみを少しでも減らす、もっともっと宇宙がきれいになる技術の完成が待たれている。

これからも人工衛星の技術を、クリーンで安心して利用できるように頑張ってほしいね。

宇宙ごみを回収する実証衛星のイメージイラスト（提供：アストロスケール）

なぜなに科学実験室

私たちの身の回りには、「よく見れば不思議」という現象が起こることがあります。それを見逃さず「なぜだろう」と考えることができれば、「科学の種」を拾いあげたことになります。

そしてそのあと、自分でも実験して、その現象の正体を確かめてみようとするなら、あなたは科学者への第一歩を踏み出したことになります。

世の中には「やってみなければわからない」ことがたくさんあります。やってみると、その次の疑問が湧き出てきます。では、その疑問を解決するために、次にどんな実験をすればいいか考え出したあなたは、ほら、もう科学者の１人ですよ。

「よく見れば精神」と「やってみなくちゃ精神」の読者を、このページは歓迎します。

ダ・ビンチ ブリッジ

こんにちワン！　この科学実験室の管理人、ワンコ先生だよ。今日は「ダ・ビンチ ブリッジ」を作るよ。偉人の１人、レオナルド・ダ・ビンチが考案・設計したといわれているこの橋は釘も接着材も使わず、しかも橋の途中に柱を持たない不思議な構造をしている。でも、この橋は作業中に崩れることが多いので、みんなで協力しないと作れない。さあ、みんなで作って「不思議」を味わおう。

ワンコ先生

1 用意するもの

❶割りばし（12〜13膳）
❷テーブルクロスなどの布
（バスタオルなどでも可）

※表面加工されたテーブルなどでは割りばしが滑ってしまい不向きですので、その上に布を敷いてください。

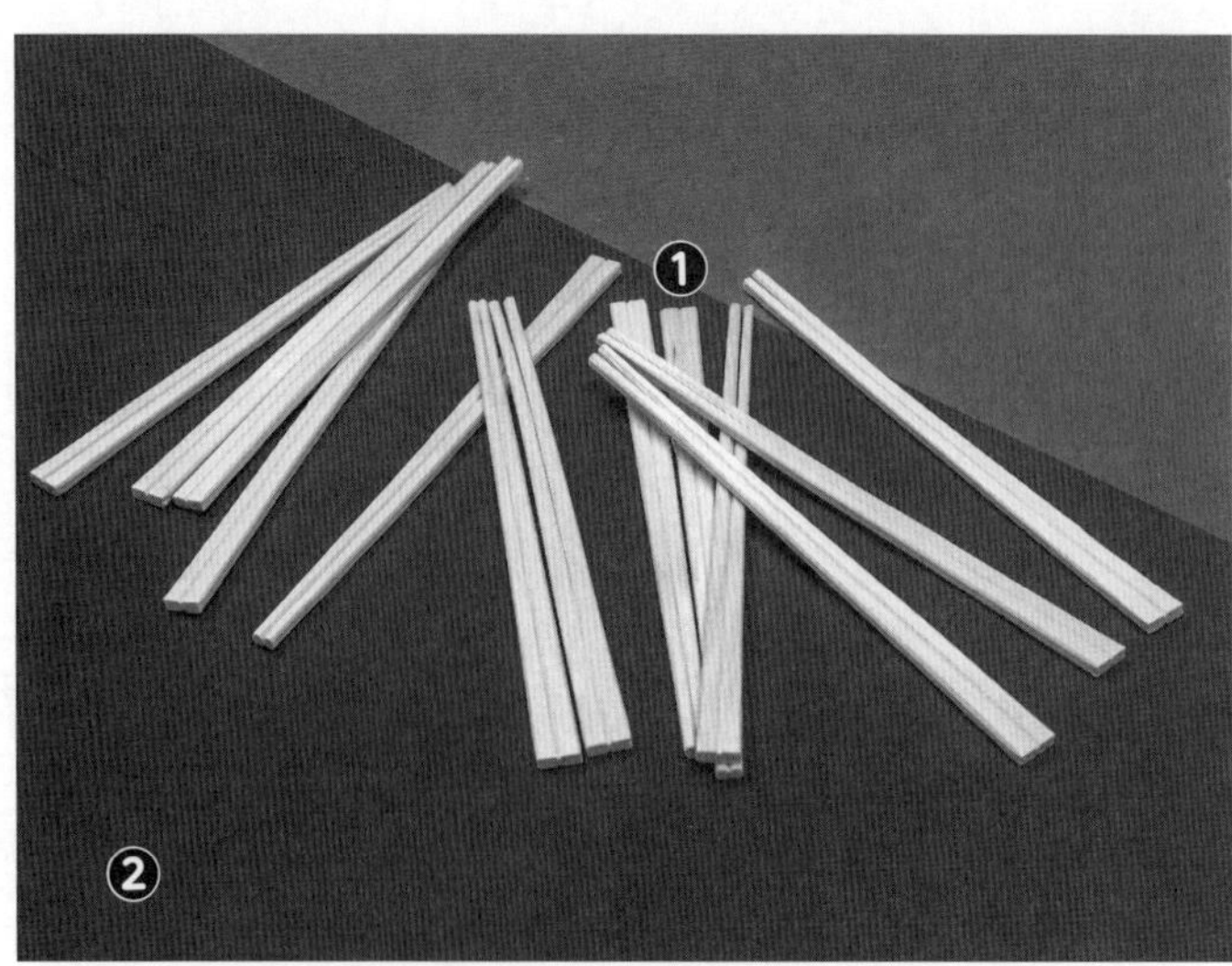

2 はしをタテに２本並べる

割りばしを割って１本ずつ使います。まずはタテに２本並べます。

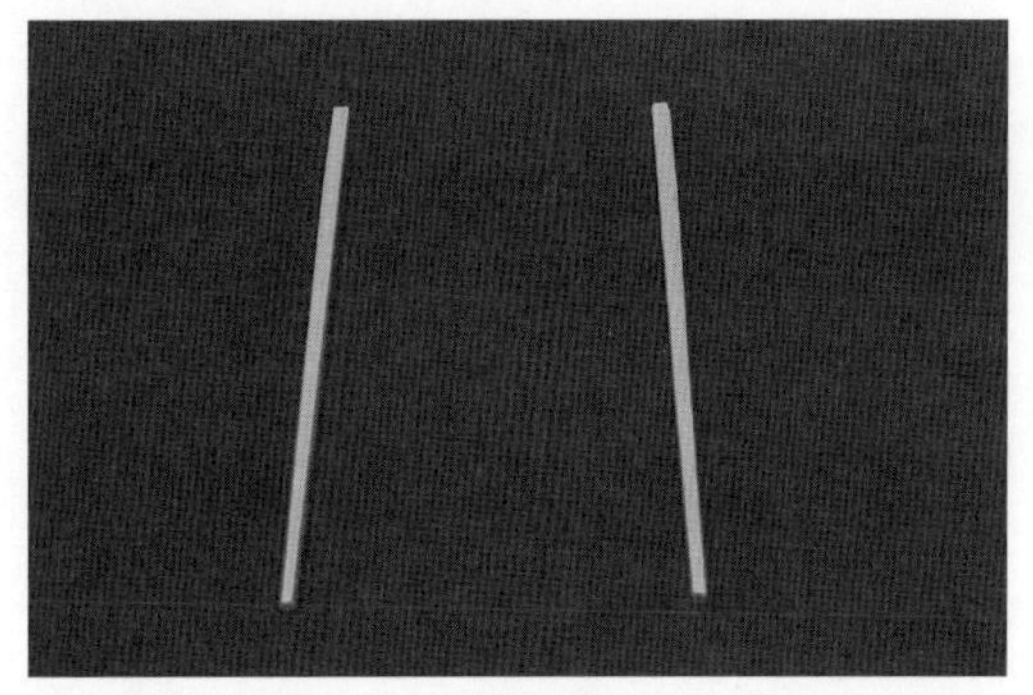

3 ヨコに２本、井の字に重ねる

今度は、はし２本をヨコにして、②のタテ２本の上に「井の字」の形に重ねます。

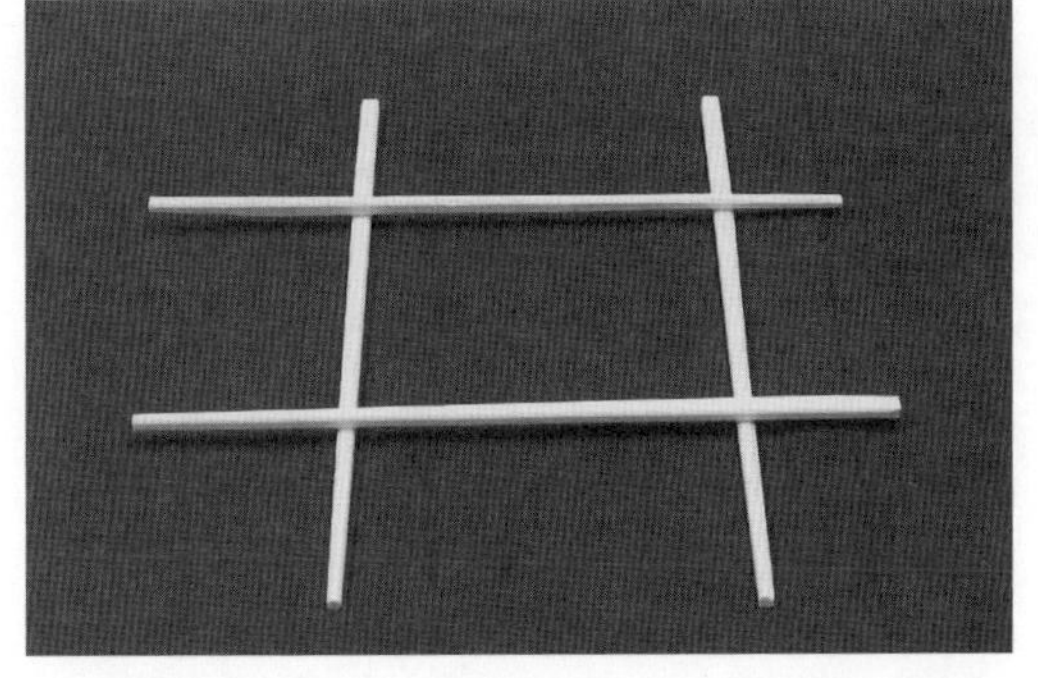

4 「井の字」中央にタテ１本を置く

ヨコ２本の上に載るようにして、「井の字」の中央にタテに１本、はしを置きます。

5 画面左端の１本を持ち上げる

１人が画面左端の１本をそっと持ち上げます。もう１人が左側で２本持って準備しています。

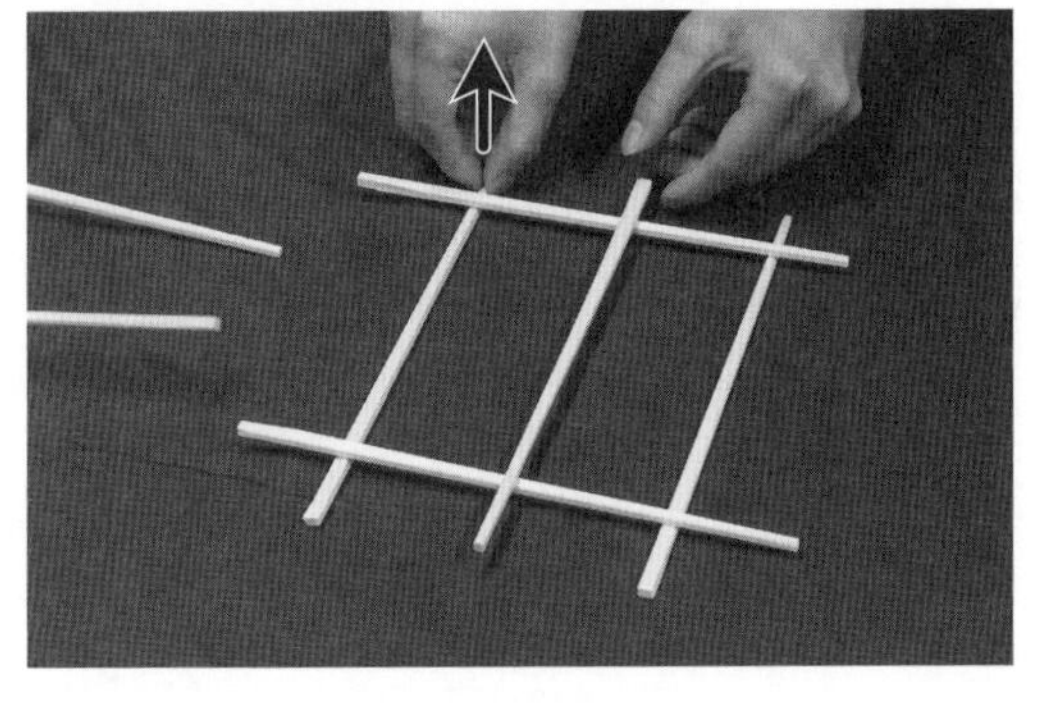

6 ２人目が２本のはしを通す

準備した２本のはしを、持ち上げた左の１本の下を通して、「井の字」中央の１本の上に重ねます。

7 第一段階の基本の形できあがり

２本のはしを通したら、そっと置いてみます。これが第一段階の基本の形です。

8 今度は反対側の端を持ち上げる

反対側の端の１本を持ち上げます。もう１人も反対側に回って❺同様に準備をします。

9 逆からも２本のはしを下から通す

持ち上げた反対側のタテ１本の下を通して、先ほどの中央の１本の上に重ねます。

10 いったん置いてみると

反対側の２本を通し終わったら、いったん置いてみます。なんとなくブリッジに見えますか？

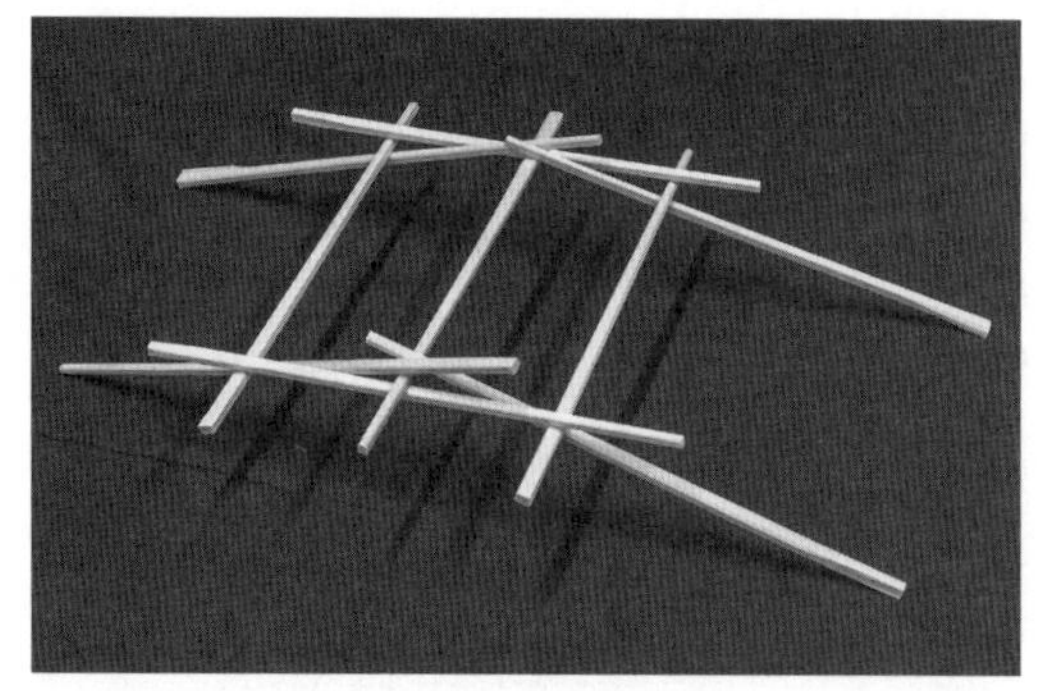

11 また画面左側に戻って作業

今度は再び左側に戻って、１人が新たに下からタテ方向にはしを入れ、左側全体を持ち上げます。

12 もう１人が下から２本通す

もう１人が、❻の作業の繰り返しですが、下から２本通し、隣のタテ１本にひっかけます。

13 置くと、橋の形が見えてきた

いったん置いてみると、橋の形が見えてきました。さらに、⓫〜⓬を左右で繰り返していきます。

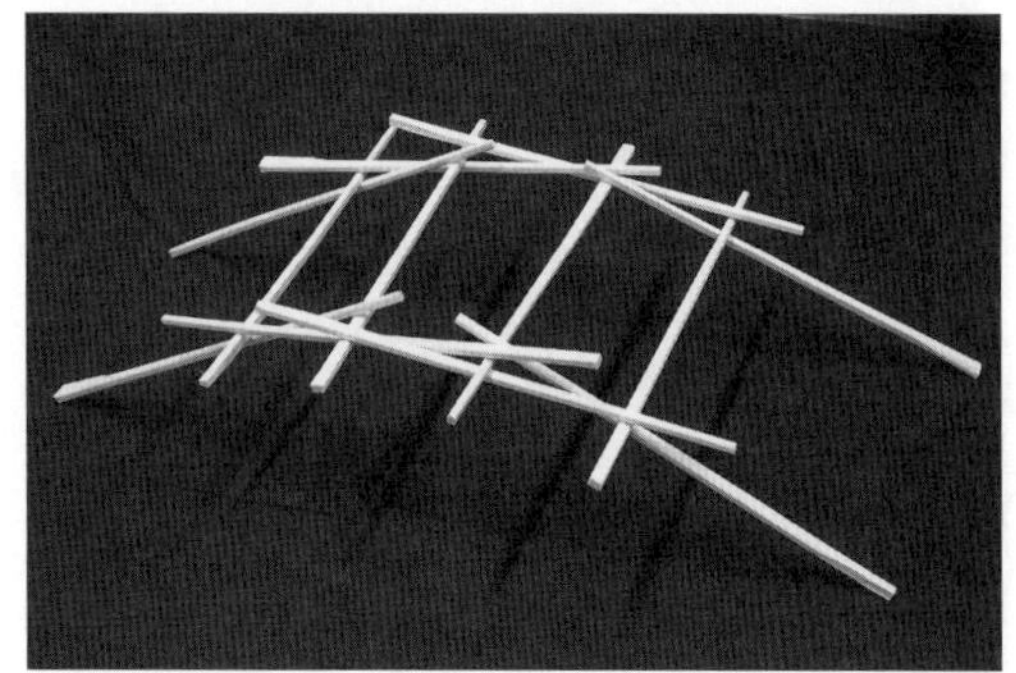

14 とてもシッカリとしたブリッジができあがった

ブリッジができあがりました。割りばしを足していけば大きくて長い橋になりそうですが、割りばし21本のところで、できあがりとしました。できあがってみると、写真向こう側を半月状に支えている割りばしが7本。中央の梁(はり)の役目が7本、こちら側の半月状の割りばしも7本でした。同じものをいくつも作って、手前側に追加していけば柱のないドームを作ることができることもわかりました。

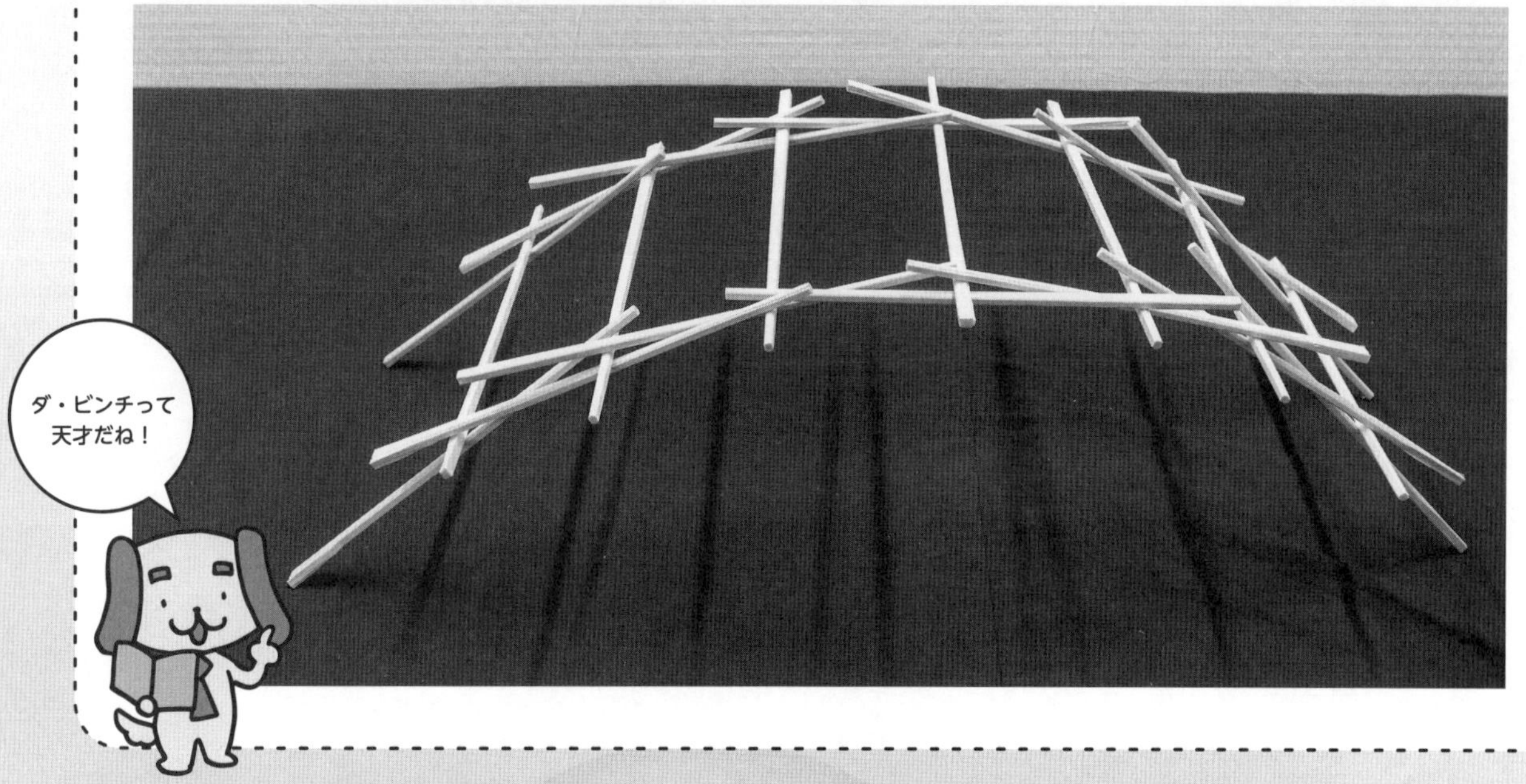

ダ・ビンチって
天才だね！

解説 520年も前に考えられた

木材を組みあわせただけの橋

このブリッジは、いまから520年前、絵画『モナリザ』の作者として知られるレオナルド・ダ・ビンチ（1452-1519）が考案したものとされています。ダ・ビンチはイタリアのルネサンス期を代表する芸術家であり、様々な学問にも通じていました。

土木工学にも詳しく、1502年、オスマン・トルコ帝国皇帝の依頼を受けて、ある橋を設計します。川にかかる全長240mの石橋でしたが、当時は鉄筋やアスファルトといった現代の橋を建造するのに欠かせない建築材料は存在しませんでした。ダ・ビンチは石を組みあわせた設計案を提出しました。釘や接着技術を一切必要とせず、部材を組みあわせるだけなので工期も短く済むものでした。

ところが、結局は実現不可能とされ、橋は日の目を見ることはありませんでした。

その遺された設計図が活かされ、そののち500年を経て2001年、ノルウェーのオスロとスウェーデンのストックホルムを結ぶ高速道路の頭上をまたぐ全長108mの小さな歩道橋として実現したのです。ダ・ビンチの原案にあった石ではなく、三角形断面の木の集成材に変わりましたが、ほぼ原画（設計図）に忠実に造られたものです。

ダ・ビンチは部材が組みあわさる部分にくぼみをつけておくと強度が増すことさえ記しており、木製の橋の可能性も書き残していました。

今回作成した割りばしの橋では、割りばし同士がテコの原理で支えあい摩擦力が働いているので、割りばしの一部が外に飛び出したり、滑り落ちたりすることはありません。また、重力が働いて、それぞれの部材が下に落ちようとするときに部材同士の結びつきが、さらに強力になります。

ダ・ビンチの考案通り強度がある

最近では、国内でも大学で実験のために制作されたりしています。木造ですが上に板を渡して、その上を自動車が通過したこともあり、ダ・ビンチの考案通り、橋としての実用性があることがわかります。

今回の実験、材質は割りばしの細い材木でも、かなりの強度を示しています。上から手で押さえると、その丸みのため、バネのような弾力を感じさせました。中央にバッグを載せても崩れ落ちることはありませんでした。

動画はこちら▶

ダ・ビンチブリッジを作る様子は、こちらの動画でご覧ください。

そうだったのか！

中学生のための経済学

山本 謙三
オフィス金融経済イニシアティブ代表、前ＮＴＴデータ経営研究所取締役会長、元日本銀行理事。

「経済学」って聞くとみんなは、なにか堅～いお話が始まるように感じるかもしれないけれど、現代社会の仕組みを知るには、「経済」を見る目を持っておくことは欠かせない素養です。そこで、経済コラムニストの山本謙三さんに身近な「経済学」について、わかりやすくお話しいただくことにしました。今回は、債券と株式についてご説明いただきます。

債券と株式はどこが違うのか

金融市場で売り買いされるものに、債券や株式があります。株式は単に「株」とも呼ばれます。ともに証券会社で購入でき、家計の財産の運用対象となります。しかし、両者は成り立ちが異なり、利益やリスクの性格と規模に大きな差があります。

債券は借用証書の一種

国や企業が外部からお金を借りる際には、「定められた条件に従い期日にお金を返すこと」を約束する証書を、貸し手に差し入れます。債券もそうした証書の一種ですが、銀行からの借り入れと違い、投資家（買い手）が当初から市場で売買することを前提に購入するのが特徴です。借り手にとっては、より多くの投資家が市場で競いあい購入してくれれば、低い金利に設定できるので有利です。このため信用力の高い借り手は、しばしば債券によって資金を調達しています。国が発行する債券は「国債」、地方公共団体が発行する債券は「地方債」、民間企業が発行する債券は「社債」と呼ばれます。

債券は、発行時に額面金額や満期（返済期日）、クーポン（表面利率）、発行価格などが定められます。額面金額は、満期に返済する金額のことです。クーポンは、額面金額に対し発行体（借り手）が、毎年どれだけの利息を支払うかを示すもので、年に何パーセントといった金利が決められています。

発行時に投資家が払い込む金額（発行代わり金）は、必ずしも額面金額とは限りません。例えば額面金額１００円当たり発行価格99円と定められた債券では、投資家は額面金額に

© 阿部モノ/PIXTA

0・99を掛けた金額を払い込みます。したがって、満期まで保有し続ける場合の投資家の利益は、「毎年の利息の合計額」と「発行代わり金と額面金額の差額」を足したものとなるのです。この利益の総額を1年当たりの金利に換算したものが「応募者利回り」と呼ばれ、投資するかどうかの判断基準とされます。

いったん債券が発行されると、その後は金融市場で売買され、価格が変動します。「流通利回り」とは、債券を市場で購入し満期まで保有した場合の利益の総額を金利換算したものです。債券価格と流通利回りの間には、価格が下がれば利回りは上がり、価格が上がれば利回りは下がる関係があります。例えば、債券価格が前日を下回れば、投資家は前日よりも少ない金額で同じ債券を購入できることになり、より多くの利益を得ます。これが、流通利回りが上がるという意味です。

なお、「発行時のクーポン（表面利率）」「利息の合計額に発行代わり金と額面金額の差額を加味した応募者利回り」「利息の合計額に市場での購入代金と額面金額の差額を加味した流通利回り」は、いずれも「金利」と総称されますが、それぞれに異なる意味があるので注意しましょう。

株式は経営に参加する権利を示す

株式は、債券のように借り入れの返済を約束する証書ではありません。あくまで民間の株式会社に資金を拠出し、会社の経営に参加する権利を示すものです。株式の発行を通じて得た資金は、会社の「資本金」となります。もちろん大会社の場合には、実際の経営に直接関与する人数は限られます。それでも株式を保有していれば、株主総会に出席し、経営に当たる取締役の選任議案やその他の議案に賛成、反対の票を投じることができます。

株式は経営への参加を前提とするため、満期や金利といったものはありません。資金を回収したいときは、原則として市場で株式を売却する必要があります。また、株式保有から得られる利益も、債券の利息のようにあらかじめ定められた額でなく、会社が1年間に得た利益のなかから分配されます。この分配金を「配当金」あるいは「配当」と呼び、会社が多くの利益を上げた際には多額の配当金を受け取り、利益が上がらないときにはわずかな配当金しか得られないことになります。

また、会社が解散するときは、会社に残った財産を株式の保有比率に応じてもらうことができます。ただし、債券や銀行借り入れなどへの返済をすべて行ったあとでの分配となるので、経営が思わしくないために解散する場合は、わずかな額しか受け取れません。

財産の運用はリスクの分散が重要

このように、株式では会社の経営状態に応じて配当金が変動し、これを見越して市場価格（株価）が上下します。多額の配当金が出ることもあれば、まったく出ないことも。すなわち株式は、預金や債券に比べハイリスク・ハイリターン――多額の利益を得る可能性もあれば、多額の損失を被る可能性もある金融商品です。家計の財産を運用する際は、ローリスク・ローリターンの預金、ミドルリスク・ミドルリターンの債券、ハイリスク・ハイリターンの株式にほどよく分散し、リスクを一方向に偏らせないことが大切です。

淡路雅夫の

中学生の味方になる子育て 第５回
楽しむ 伸びる 育つ

profile 淡路雅夫（あわじ まさお） 淡路子育て教育研究所主宰。國學院大学大学院時代から一貫して家族・親子、教育問題を研究。元浅野中学高等学校校長

子どもが反抗を示したら 思春期始まりのチャイム

今回は、子どもの思春期についてです。思春期がいつ来るかは個人差があります。小学校高学年から中３ごろまでみられ、身体や心が変化する時期です。男女に多少差異はあるものの共通して起こります。

男子はニキビやヒゲがめだったり、声変わりします。女子の場合も身体つきが変わってきたり月経も始まります。男女とも異性に対する関心も芽生えますが自然な現象です。

この年ごろは自我が発達してきますので、身体の変化と心の発達のバランスを保つことが難しく、その結果、つねにイライラし、理由なく親に反発するようなことも起こります。

思春期と反抗期が重なって起こることも知られています。男子の反抗は親を無視したり、かかわりを避けたり急に言葉づかいが荒くなったりします。自分をうまくコントロールできずに親に反抗し、暴力的な行動を起こすことも少なくありません。

女子も、身体の変化とともに心の変化が大きくなり、とりわけ、友だちや周囲への関心が高くなります。親や友だちの言葉を必要以上に気にしたり、互いの身だしなみにも敏感になります。

原因もわからずに、急に子どもが反抗しだすと、親はあわててしまいます。でも、思春期の子どもの反抗は、麻疹（はしか）と同じで、時期が来ると収まるものです。

思春期は大人への階段を一段上がるために必要なものです。いままでの生活や自己の容姿、行動などを振り返り、自己の生き方や物事の本質を考えて、新たな自分を発見する機会でもあるのです。

ですから親が、それまでと同じように、親の価値観や倫理観に合わせて注意したり導こうとしたりすると、子どもの反発はひどくなりますから、親にとっても親子の関係を見直す時期でもあるのです。

思春期の子どもは、表面的には悩みがないように振る舞いますが、内面では自律と親への依存の間で葛藤し、とまどいやストレスが、親への反抗となって表れていることを、親は理解しておきたいものです。

成長になくてはならない 思春期の葛藤と悩み

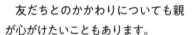

子どもの心は表面的には反抗していても、素直になりたいことを隠しているものです。複雑な心境ですね。

表面的な反抗に対しては、それをはねつけるのではなく、子どもが反抗できる家庭環境を作ることも大切です。それが子どもの葛藤を軽くすることにもつながります。

子どもが反抗することは、成長の証だと理解して、親はほどよい距離感を保って子どもの考えや行動を認めてあげるとよいでしょう。子どもはこの時期、本当の自分を探して自己の性格や自分の生活、行動を色々振り返り考えています。子どもの考えや行動の過程を聞いてあげることも大切です。

そこで子どもと話をするときに心がけたいこととして「親は自分の味方」「自分の理解者」であるという信頼関係を築くことがあげられます。

自己を確立するために必要な 友だちという同志の存在

友だちとのかかわりについても親が心がけたいこともあります。

思春期の子どものなかには、性や異性に関する悩みを持つ子どもが多くなりますが、親に相談したり話したりしにくいことですから、同じ悩みを抱えている友だちを頼りにします。

そのため、子どもは友だち関係に敏感になり、友だちと本音で話しあいその意見を大切にします。その意見が与える子どもの価値観への影響も大きくなります。

わが子がどんな友だちとつきあっているのかは、親にとってとても心配なことですから、色々口を出しがちになります。

しかし、この時期の友だちはわが子と同じ状況におかれている、大切な同志であり、話し相手だということを頭に入れておきましょう。子どもにとって、その友だちとの関係はとても貴重な人間関係なのです。

いつまでも小学生の延長で、親の指示を受けてばかりの生活では、子どもの自主性や主体性は育ちません。子どもが大人に成長するためにも思春期は、貴重で重要なものです。

親は、子どもの考えや行動を否定ばかりせず、おおらかな気持ちで受け止め、子どもを１人の人間として認めて、話し相手になれるよう心がけること。それが思春期の子どもと親のかかわりです。

次回は、子どもに自信を持たせるかかわり方について、お話しします。

〈つづく〉

PICK UP NEWS
ピックアップニュース！

ウェストミンスター寺院で行われたエリザベス女王の国葬（2022年9月19日　イギリス・ロンドン）写真：AFP＝時事

今回のテーマ

エリザベス女王死去

イギリスの女王、エリザベス2世が、現地時間の9月8日、静養先のイギリス北部のスコットランドで亡くなりました。96歳でした。死因は老衰であったと発表されています。女王の在位期間は70年7カ月で、イギリスの君主では最長であり、世界の君主のなかでも最年長でした。女王の死去をうけ、長男のチャールズ皇太子がチャールズ3世として新国王に即位しました。

女王は1926年、国王ジョージ5世の次男、ヨーク公の長女として生まれました。その後、ヨーク公の兄のエドワード8世が退位し、父のヨーク公がジョージ6世として即位しましたが、ジョージ6世の病死に伴い1952年2月、エリザベス2世として即位しました。この間、ギリシャの王族の血を引くフィリップ殿下と結婚し、3男1女をもうけました。

女王は即位以来、時代の変化に応じて開かれた王室を演出してきました。テレビ演説を行ったり、慈善活動の後援者となったり、ユーモアのセンスでテレビ出演をしたりもしました。また、SNSを活用し、王室の情報を発信するなど、国民との対話に力を注ぎました。

在位中、外遊は260回を超え、約100カ国を訪問。1975年5月には夫妻で来日し昭和天皇のレセプションに参加。新幹線で京都を訪問し、伊勢神宮も見学しました。

一昨年には新型コロナウイルスの感染拡大をうけ、テレビで「私たちが団結すれば、この病を克服できる」と訴えました。

女王は昨年秋ごろから杖をつくようになり、今年になって新型コロナウイルスにも感染、体調不良が続いていましたが、9月6日のトラス新首相の任命式が最後の公務となりました。

女王の棺はロンドンのウェストミンスター寺院に運ばれ、19日に国葬が執り行われました。アメリカのバイデン大統領夫妻など、各国から500人以上の元首や首脳が出席し、日本からは天皇皇后両陛下が参列されました。

国葬には2000人ほどが出席、周囲では100万人以上の人々が女王の死を悼みました。その後、棺はロンドン郊外のウィンザー城内の聖ジョージ礼拝堂に運ばれ、昨年4月に亡くなった夫のフィリップ殿下の隣に埋葬されました。

ジャーナリスト 大野 敏明
（元大学講師・元産経新聞編集委員）

思わずだれかに話したくなる

名字の豆知識

第30回

都道府県別の名字 今回は

関東地方1回目 茨城の名字

茨城県ベスト20は関東に多い名字?

茨城県は常陸国の全部と下総国の北西部から立県しました。茨城県の名字ベスト20をみてみましょう。鈴木、佐藤、小林、渡辺、高橋、木村、斎藤、根本、中村、吉田、石川、菊池、伊藤、田中、山口、加藤、宮本、関、石井、野口です。このうち全国ベスト20以外は根本（全国248位）、石川（同27位）、菊池（同113位）、宮本（同68位）、関（同133位）、石井（同36位）、野口（同93位）の7姓です（新人物往来社『別冊歴史読本　日本の苗字ベスト10000』より）。

根本は前号の福島県の回でみましたので、残りの6姓について考えます。

石川は常陸国吉田郡石川（現・茨城県水戸市元石川町）が発祥で、桓武平氏の出身と伝えられます。おそらく平将門かその一族である坂東平氏の一部が、吉田郡石川を領して名字としたのでしょう。鎌倉時代は御家人となりました。

石川は東北、関東、東海に多い名字です。茨城以外では、清和天皇の孫で臣籍降下した源経基の子、満仲の曾孫、有光が前九年の役で源義家に従い、のちに陸奥国石川郡石川荘（現・福島県石川郡石川町）を領して石川となりました。江戸時代は仙台藩・伊達家の重臣で陸奥国伊具郡角田（現・宮城県角田市）の領主となりました。

また、義家の孫、義基は河内国石川郡石川荘（現・大阪府羽曳野市）を領して石川姓を名乗りました。子孫は三河国（現・愛知県中・東部）に移って松平氏に従い、江戸時代は伊勢国（現・三重県北中部・愛知県と岐阜県の一部）伊勢亀山藩6万石の大名となり、分家も常陸国下館藩2万石の大名となりました。

古代豪族、蘇我馬子の孫で、乙巳の変で伯父の蝦夷と従兄弟の入鹿を滅ぼす功績をあげた蘇我倉山田石川麻呂の子孫も、石川を名字とします。この石川は大和国高市郡石川（現・奈良県高市郡）にちなみます。

菊池は菊地と混同されますが、一般に菊地は東北に多く、菊池は肥後国菊池郡（現・熊本県菊池市）から出たとされます。ただ、茨城の菊池は本来、東北の菊地が南下し、菊地と区別するために、土へんをさんずいに変えて菊池となったと考えられます。

宮本は神社の周辺を宮本といい、その地に住んだ人が名字としました。意味は宮下、山下、山本などと同じです。ちなみに江戸時代の剣術家・宮本武蔵は美作国吉野郡宮本（現・岡山県美作市宮本）の出身で、父は新免氏ですが、母の姓を名乗りました。

関は、関所のあった場所が地名となり、そこに住んだ人が名字としました。茨城県の関は真壁郡関（現・筑西市）から出たものです。

藤原秀郷の7代の子孫の政光が現在の栃木県小山市に住んで小山氏を称し、その3男、朝光が現在の茨城県結城市に住んで結城朝光となり、その子朝広の4男朝泰が関に住んで関を名字としました。桜田門外の変で大老井伊直弼を襲った水戸藩士は、藩士の関鉄之助が撃った銃声を合図に斬りかかりました。

かつて早稲田大学の野球部監督は2代続けて石井でしたが、石井連蔵、石井藤吉郎ともに茨城県の出身でした。石井は関東に多い名字で、茨城県の石井は現在の笠間市石井が発祥と考えられます。

野口も関東に多い名字です。新選組隊士で芹沢派の1人、野口健司は水戸の出身、芹沢鴨が暗殺されたあとの1863年12月に切腹しています。茨城県の野口氏は那珂郡野口（現・常陸大宮市野口）出身とされます。

まだまだある茨城県に多い名字

このほかに多い名字としては飯田、青木、藤田、倉持、大森、塙、寺門、平山、助川、会沢、鴨志田、額賀などがあります。

藤田には幕末、水戸尊王攘夷運動の指導者、藤田東湖がいます。彼は安政の大地震で亡くなりましたが、息子の小四郎は天狗党の乱に加わり、金沢藩に捕らえられ、斬られました。藤田氏の発祥の地は武蔵国榛沢郡藤田郷（現・埼玉県大里郡寄居町藤田）です。

新選組芹沢派の平山五郎は芹沢とともに斬られ、いまも京都の壬生寺に芹沢とともに眠っています。平山氏の発祥の地は武蔵国多摩郡平山郷（現・東京都日野市平山）です。武蔵国を中心とした中小武士団である武蔵七党の1つ、西党の出で、初代西宗頼の5代の子孫、真季が平山を名字とし、のちに後北条氏に仕えました。居城であった平山城は現在、平山城址公園となっています。

会沢には水戸藩を代表する思想家、会沢正志斎がいます。鴨志田は武蔵国の多摩地方（現・東京都西部）に多く見られますが、茨城の鴨志田はこの分派と思われます。漢字を変えた鴨下も同族と考えられます。

茨城県に多い名字と歴史的有名人

ミステリーハンターQの
タイムスリップ歴史塾

三国干渉

今回は、日清戦争後に起こった三国干渉を勉強しよう。日本と清国で結ばれた下関条約の内容に、不満を持った他国が強く反対した出来事だ。

勇 日清戦争のあとに、日本が外国の干渉を受けたって本当?

MQ 三国干渉だね。

静 どんなことが起こったの?

MQ 1895年、日本は日清戦争に勝って、4月に清国との間で下関条約を結んだんだ。そのとき清国から、渤海と黄海に突き出た遼東半島が日本に割譲されたんだけど、そのことにロシアが反対したんだ。

勇 ロシアはなぜ反対したの?

MQ 南下政策をとり、南満州(現・中国南東北部)に関心を持つロシアとしては、日本の進出は目障りだったんだ。ロシアはフランス、ドイツにも働きかけて、日本に遼東半島の領有権を放棄するように迫ったんだよ。これが三国干渉だね。

静 フランスやドイツはなぜロシアといっしょに反対したの?

MQ 当時の二国とロシアとの関係性なども理由として考えられるけど、フランスは上海に租界を持ち、ドイツは遼東半島の対岸の山東半島の一部を租借していたから、日本の進出は歓迎されなかったんだ。租界は自治権や治外法権を持つ外国人居留地のことで、租借は条約などに基づいて外国の土地などを一定期間借り受けることだよ。三国は海軍の艦隊を黄海にまで進出させて威嚇したんだ。

勇 返還を迫られた日本はどうしたの?

MQ 当初は拒否する方針だったけど、三国と戦って勝てる見込みがなかったから、イギリスやアメリカも含めた列国による話しあいを求めた。しかし、アメリカやイギリスは局外中立を宣言したため断念。泣く泣く遼東半島を返還することに決めたんだ。

静 日本は三国の脅しに負けてしまったわけね。日本の国民は黙っていたの?

MQ 国内世論は返還反対だったけど、どうにもならなかった。国内では臥薪嘗胆が合言葉になったんだ。

勇 臥薪嘗胆って?

MQ 中国の故事から出た言葉で、目的のために耐え忍ぶことだよ。世論はロシアを仮想敵国と考え始めたんだ。

静 その後、遼東半島はどうなったの?

MQ ロシアは1898年、強権で遼東半島の南部の旅順、大連を清国から租借して鉄道を敷設、旅順をロシア極東艦隊の基地にして要塞化したんだ。このことが1904年に始まる日露戦争の遠因になったといわれている。日露戦争では日本が勝って、ロシアの租借権を日本が獲得することになったんだ。

ミステリーハンターQ(略してMQ)

米テキサス州出身。某有名エジプト学者の弟子。1980年代より気鋭の考古学者として注目されつつあるが本名はだれも知らない。日本の歴史について探る画期的な著書『歴史を掘る』の発刊準備を進めている。

山本 勇

中学3年生。幼稚園のころにテレビの大河ドラマを見て、歴史にはまる。将来は大河ドラマに出たいと思っている。あこがれは織田信長。最近のマイブームは仏像鑑賞。好きな芸能人はみうらじゅん。

春日 静

中学1年生。カバンのなかにはつねに、読みかけの歴史小説が入っている根っからの歴女。あこがれは坂本龍馬。特技は年号の暗記のための語呂合わせを作ること。好きな芸能人は福山雅治。

身の回りにある、
知っていると
役に立つかもしれない
知識をお届け!!

サクセス印のなるほどコラム

アレもコレも、自動販売機で買える?

最近、色々な自動販売機があるんだね〜。先日、変わった自動販売機を見つけたよ。

どこで?

駅だよ。

駅なら、飲みものか食べものの自動販売機?

食べものだね。

じゃあ、それほど珍しくはないと思うけど。

いや、初めて見る自動販売機だった。

う〜ん……。ケーキの自動販売機?

それなら、ちょっと前にマリトッツォの自動販売機を見たなあ。

もったいぶらずに早く教えてよ!

ごめんごめん。

それでさ、自動販売機でなにを売っていたの?

アジフライ。

えっ? 本当? あのお魚のアジ?

そう。あのお魚のアジフライ。

アツアツのできたてが出てくるの?

いや、冷凍なんだ。油で揚げる前のアジフライが冷凍されて自動販売機で売られているんだよ。

えっ??? 冷凍のアジフライの自動販売機?
そんな自動販売機あるの?

それもね、地下鉄の駅で見つけたんだ!

それ、どこの駅?

福岡県の博多駅だよ。

行ったの?

たまたま出張でね。

で、先生はそれを買ったの?

買わなかった。だって、冷凍食品だからすぐに食べることはできないしさ……。

でも駅で冷凍食品を売ってるってかなり珍しい感じがするね。しかも自動販売機で。

このアジフライは日本一のアジの水揚げ量をほこる長崎県の松浦産のアジを使っていて、おいしくて有名らしく、「お取り寄せ」としても人気らしいんだ。

お取り寄せか〜。うちもお米とか、ウナギとか、お肉とか色々お取り寄せしてるみたい。そういえば、お取り寄せと通信販売はなにが違うの?

お店に行かずに商品が購入できる点は同じだよね。強いていえば、お取り寄せは全国各地の名産品や特産品を自宅で楽しむ「お取り寄せグルメ」の要素が強いのかなあ。

あんまり違いがわからないや……。でも、おいしいものが食べられるならなんでもいいや!

そうかもね(笑)。そうそう、東京駅にも変わった自動販売機があったよ。

なにを売っているの?

モバイル関連の機器だよ。

なにそれ?

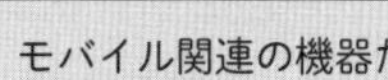

スマートフォンの充電器とか、PC関連のケーブルとか。それも飲みものといっしょの自動販売機に入ってるんだ。

じゃあ、冷たいの?

うん、若干冷たい感じがした。

つまり、今度は買ったんだね(笑)。

キミ、探偵みたいだね!

中学生でもわかる

高校数学のススメ

高校数学では、早く答えを出すことよりもきちんと答えを出すこと、つまり答えそのものだけでなく、答えを導くまでの過程も重視します。なぜなら、それが記号論理学である数学の本質だからです。さあ、高校数学の世界をひと足先に体験してみましょう！

written by
湯浅 弘一
ゆあさ・ひろかず／湘南工科大学特任教授・湘南工科大学附属高等学校教育顧問

Lecture! 文字を含む一次不等式

例題 【問１】xの不等式　$2x>6$　を解きなさい。
【問２】xの不等式　$-2x>6$　を解きなさい。
【問３】xの不等式　$ax<6$　を解きなさい。

今回は順を追って解いてほしいと思います。
【問１】は$2x>6$の両辺を2で割って、$x>3$
【問２】は$-2x>6$の両辺を-2で割って、$x<-3$
ここまでは大丈夫ですかね。ここで大事なことは、両辺を正の数で割るときは不等号の向きは変わりませんが、負の数で割るときは不等号の向きが変わる点です。
さあ、【問３】です。$ax<6$の両辺をaで割って……???
気づきましたか？　aで割る際のこのaの符号（プラスとマイナスのこと）が問題なのです。これを高校数学では“場合分けをする”といいます。こんな感じです。
$ax<6$…①とする。
（ⅰ）$a>0$のとき①の両辺をaで割ると$x<\frac{6}{a}$
（ⅱ）$a<0$のとき①の両辺をaで割ると$x>\frac{6}{a}$
（ⅲ）$a=0$のとき①は$0x<6$、つまり$0<6$、当たり前ですが、いつでも成り立つ式になりました。ですからこのxはなんでもいいので（実際に$0x<6$のxになにを代入しても式は成り立ちます）、xは１つに定まりません。すなわちxは無数にあるので、これを“xは不定”といいます。
したがって、この問題の解答は以下のようにまとめることができます。

$ax<6$の解は $\begin{cases} a>0\text{のとき}x<\frac{6}{a} \\ a<0\text{のとき}x>\frac{6}{a} \\ a=0\text{のとき}x\text{は不定} \end{cases}$

今回学習してほしいこと

文字を含む不等式では、割る数（文字）の符号に注意する。

さあ、早速練習です！　左ページに上級、中級、初級と３つのレベルの類題を出題していますので、チャレンジしてみてください。

練習問題

上級

xの不等式　$ax \leqq b$…①
を解きなさい。

中級

xの不等式　$ax \geqq a$…①
を解きなさい。

初級

xの不等式　$ax \geqq 4$…①
を解きなさい。

解答・解説は次のページへ！

解答・解説

上級

（ｉ）$a>0$のとき①の両辺をaで割ると$x\leqq\frac{b}{a}$

（ⅱ）$a<0$のとき①の両辺をaで割ると$x\geqq\frac{b}{a}$

（ⅲ）$a=0$のとき①は$0x\leqq b$

つまり$0\leqq b$

この不等式は$b<0$のときは成り立ちません。

しかし、$0\leqq b$であれば、

$0x\leqq b$のxにどんな数を代入しても不等号がいつも成り立ちます。

例えば、$a=0$のとき$b=1$だとすると

①は$0x\leqq 1$…②

このxに、どんな数を代入しても②はいつも成り立ちます。

この不等式の解をまとめておくと以下のようになります。

$ax\leqq b$の解は

$$\begin{cases} a>0\text{のとき}x\leqq\frac{b}{a} \\ a<0\text{のとき}x\geqq\frac{b}{a} \\ a=0\text{のとき}\begin{cases} b\geqq 0\text{のとき}x\text{は不定} \\ b<0\text{のとき}x\text{は解なし}\end{cases}\end{cases}$$

このように、場合に分けて考えるのが高校数学の特徴でもあります！

答え

$$\begin{cases} a>0\text{のとき}x\leqq\frac{b}{a} \\ a<0\text{のとき}x\geqq\frac{b}{a} \\ a=0\text{のとき}\begin{cases} b\geqq 0\text{のとき}x\text{は不定} \\ b<0\text{のとき}x\text{は解なし}\end{cases}\end{cases}$$

中級

（ⅰ）$a>0$のとき①の両辺をaで割ると$x\geqq 1$
（ⅱ）$a<0$のとき①の両辺をaで割ると$x\leqq 1$
（ⅲ）$a=0$のとき①は$0x\geqq 0$、つまり$0\geqq 0$、この不等式は＝の部分だけが成り立ちます。つまり、$0x\geqq 0$のxに、どんな数を代入しても等号がいつも成り立ちます。つまり、解がないのではなくたくさんある。これを高校数学では“xは任意”または“xはすべての実数”もしくは“xは不定”といいます。
この不等式の解をまとめると以下のようになります。

$ax\geqq a$の解は $\begin{cases} a>0\text{のとき}x\geqq 1 \\ a<0\text{のとき}x\leqq 1 \\ a=0\text{のとき}x\text{は不定} \end{cases}$

答え $\begin{cases} a>0\text{のとき}x\geqq 1 \\ a<0\text{のとき}x\leqq 1 \\ a=0\text{のとき}x\text{は不定} \end{cases}$

初級

（ⅰ）$a>0$のとき①の両辺をaで割ると$x\geqq \frac{4}{a}$
（ⅱ）$a<0$のとき①の両辺をaで割ると$x\leqq \frac{4}{a}$
（ⅲ）$a=0$のとき①は$0x\geqq 4$、つまり$0\geqq 4$、この不等式はいつも成り立ちません。つまり、これを満たすxがないのです。この解答がないことを数学では“解なし”といいます。
この不等式の解をまとめると以下のようになります。

$ax\geqq 4$の解は $\begin{cases} a>0\text{のとき}x\geqq \frac{4}{a} \\ a<0\text{のとき}x\leqq \frac{4}{a} \\ a=0\text{のとき}x\text{は解なし} \end{cases}$

答え $\begin{cases} a>0\text{のとき}x\geqq \frac{4}{a} \\ a<0\text{のとき}x\leqq \frac{4}{a} \\ a=0\text{のとき}x\text{は解なし} \end{cases}$

笑いあり、涙あり
純朴な小学5年生の目で描かれた夏の体験

今月の1冊

『サバカン SABAKAN』

著／金沢知樹
刊行／文藝春秋
価格／1320円（税込）

1980年代なかば、長崎県の、海に近い町に住む小学5年生の少年が過ごした暑い夏の出来事を、その目線で追った物語である。

3つの短編連作の形をとる。そのタイトルは、「サバカンSABAKAN」「ガンダムの恋」「弟と少年ジャンプとプラネットマン」と、ちょっとわけがわからない。しかし、いずれも実話が元にされており、モデルも存在するという。

そこには友人愛、家族愛、そしてちょっと甘酸っぱい初恋らしきものも描かれる。

少年にとっての大人の登場は、いつも怖い存在として彼の舞台に現れる。父親、母親、学校の先生、ミカン農家の主人、ヤンキー高校生……。

少年の人間観察が純粋であればあるほど、大人はこっけいでおもしろい。思わず声が出そうなほどウケル笑いも続くから、電車のなかで読むには周囲を警戒したい。少年は、自分で発した思いに自分でツッコミを入れることもしばしば。脚本家、構成作家である著者のスタートはお笑い芸人だという。さもありなん。

いずれも土台となった体験がある。悲しかったり寂しかったり、涙を禁じえない話もあるが、ラストはどれも温かくてホッとする。第1章で描かれる友だちの行く末について、読者は心配もするだろうが、大丈夫、大丈夫。

読了後『あとがき』で初めて、この本が映画の原作小説であったことを知った。

人物の顔、表情にしろ、声色にしろ、本のなかで出会った人々は独特すぎるゆえに、それなりの画像ができあがってしまっている。映画を先に観ていたら、その脳内でできあがった興味深い人々とは出会えなかったことになるから、これでよかったと思う。

ページを繰るたびにまとわりついてくる長崎の町の香りが、この小説全体の空気を作るための香辛料となっていることに、やがて気がつく。

ただ、読み終わり、本を閉じたあとも、脳内をめぐる言葉が長崎弁になってしまっていることに気づくのには、しばらくのタイムラグが必要だった。

受験の極意＝時間の管理

『時間を制する者は受験を制する』。例えば過去問を解こうとするとき、与えられた時間のなかでどの問題にどれぐらいの時間をかけて解いていけば、合格圏に入れるのか、それを知ることが大切です。

時間を「見える化」して、受験生自身が時間の管理に習熟することが、合格への道と言えます。

そのための魔法の時計「ベンガ君」（大〈№605〉・小〈№604〉）が、合格への道をお手伝いします。

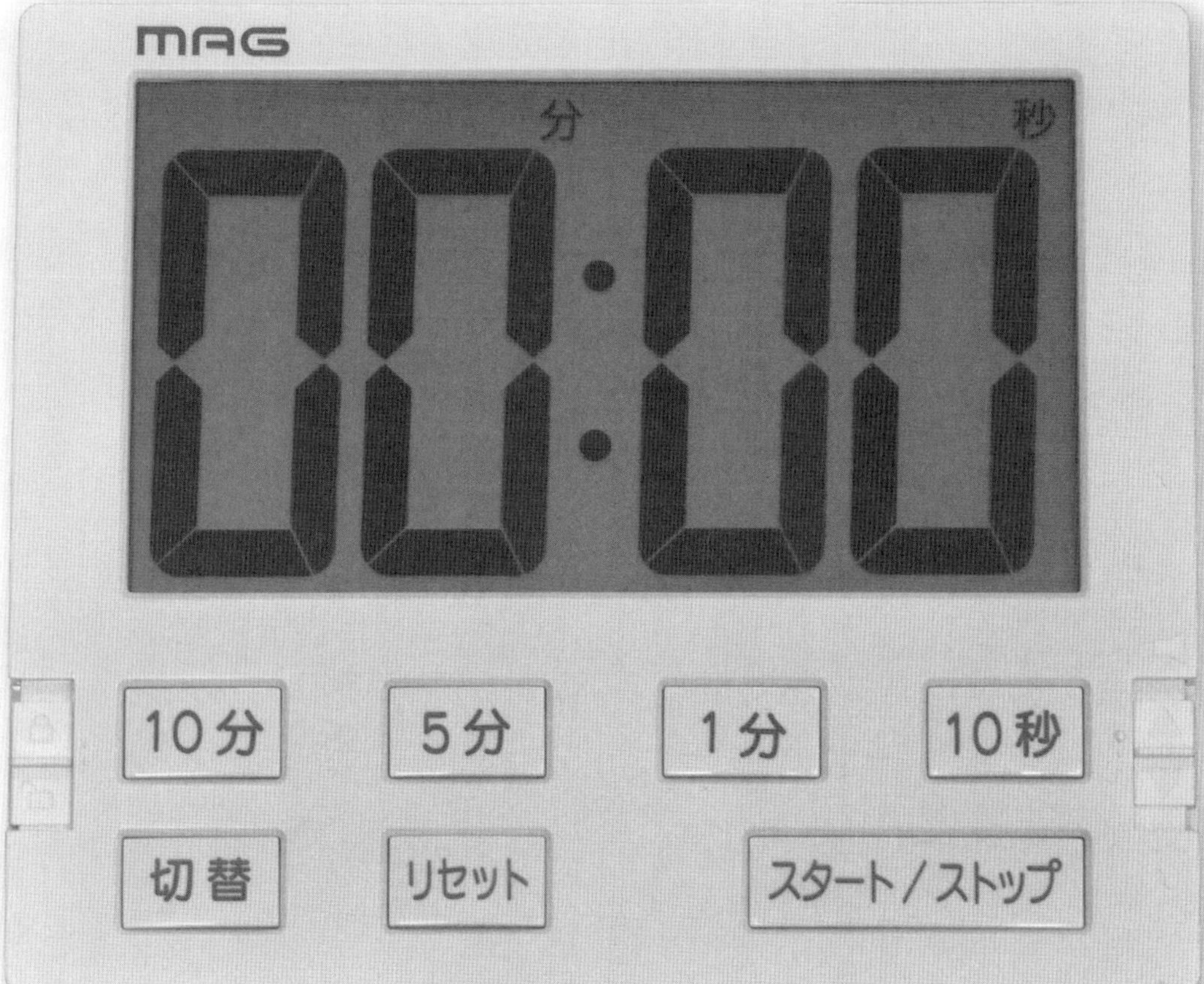

㊧ベンガ君605
14㎝×11.5㎝×3㎝
重量：190ｇ
価格：**2,200円（税込）**
送料：（梱包費・税込）
2個まで500円
4個まで1,050円
9個まで1,500円
10個以上送料無料

写真はともに原寸大

㊦ベンガ君604
8.4㎝×8.4㎝×2㎝
重量：80ｇ
価格：**1,320円（税込）**
送料：（梱包費・税込）
2個まで250円
4個まで510円
9個まで800円
10個以上送料無料

デジタルタイマー ベンガ君 シリーズ

スマホのストップウォッチ機能では学習に集中できません！

●デジタルタイマー「ベンガ君」の特徴と機能

・カウントダウン機能（99分50秒～0）
・カウントアップ機能（0～99分59秒）
・時計表示（12/24時間表示切替）
・一時停止機能＋リピート機能
・音量切換
（大/小/消音・バックライト点滅）
・ロックボタン（誤作動防止）
・立て掛けスタンド
・背面マグネット
・ストラップホール
・お試し用電池付属
・取り扱い説明書/保証書付き

スマホを身近に置かないことが受験勉強のコツです。触れれば、つい別の画面を見てしまうからです。

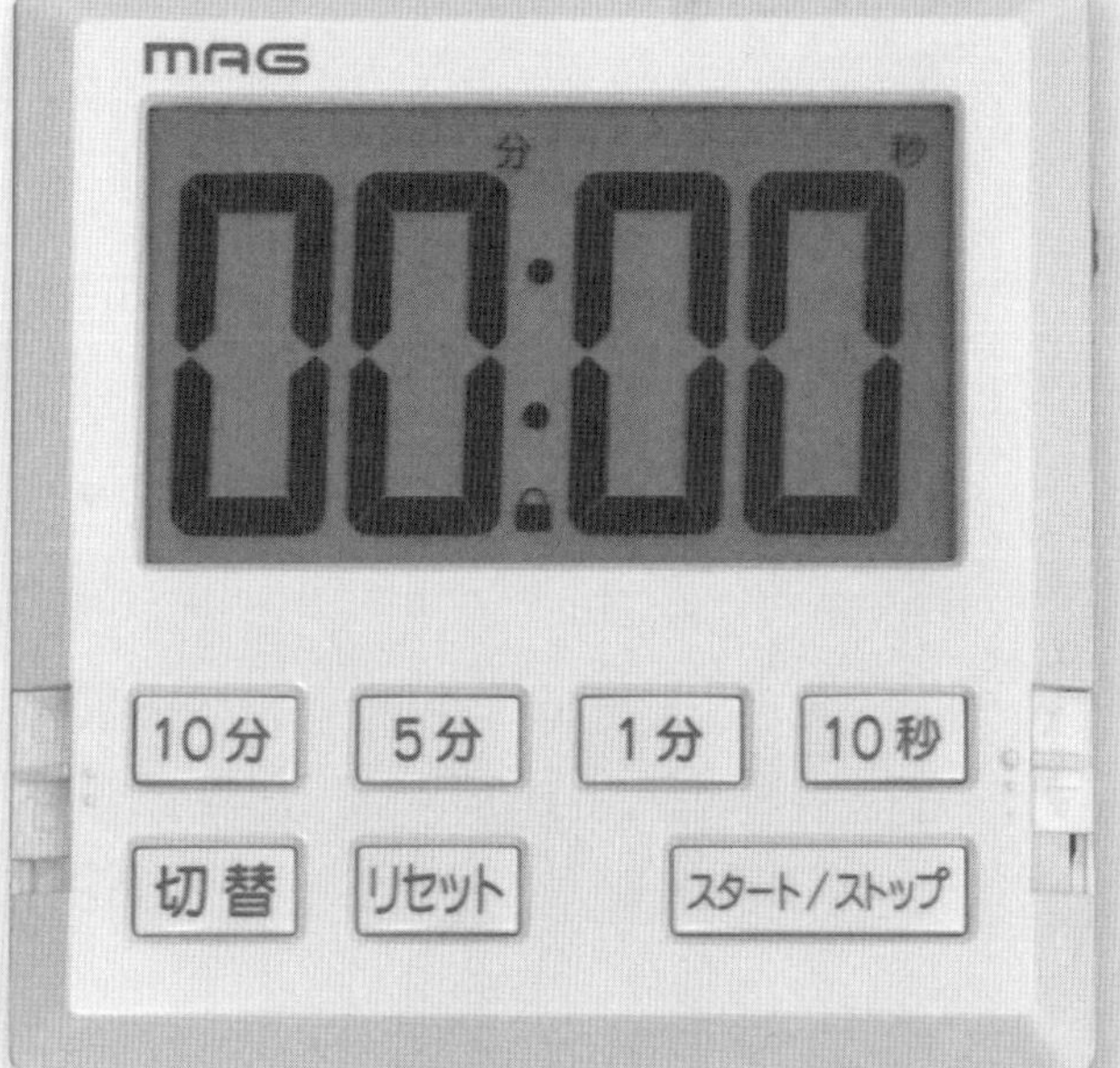

●お支払い/郵便振替（前払い）・銀行振込（前払い、下記へ）●お届け/郵送（入金1週間前後）

株式会社グローバル教育出版通販部　〒101-0047 東京都千代田区内神田2-4-2　電話 03-3525-8484

■価格および送料は予告なく改定されることがあります。お申し込み時にご確認ください。■お客様の個人情報は、商品の発送および弊社からのご案内以外に使用されることはございません。

■銀行振込先／三井住友銀行神田支店　普通預金7922258　株式会社グローバル教育出版

8月号の答えと解説

解答 L

解説

パズルを完成させると、右のようになり、最後まで使わずに残るピースはLとなります。

自	給	自	足		生	中	継
信		然		暴	徒		続
	多	数	決		会	長	
不	幸		定	例		雨	天
注		続		文	明		気
意	気	投	合		白	地	図
	圧		流	失		下	
時	計	台		言	語	道	断

＊言葉の解説

・**自給自足**…必要とするものを、ほかから求めずに、自分で生産して賄うこと。

・**意気投合**…互いに気持ちや考えなどがぴったりと一致すること。気があうこと。

・**言語道断**…言葉で表せないほどひどいこと。とんでもないこと。

・**自然数**…正の整数

・**多幸**…とても幸せなこと。よいことが多くあること。

・**続投**…野球で、投手が交代せずに引き続いて投球すること。転じて、地位・職務を交代せずに引き続き務めることという意味にも使われる。

今月のプレゼント！

勉強計画を「みえる化」するノート

コクヨの「キャンパス スタディプランナー」は、テスト前の勉強や受験勉強などのスケジュールを「みえる化」するノート・ルーズリーフです。今回は、ノート（1日タイプ）を紹介。

1日タイプはその日の目標、勉強内容、タイムスケジュール、でき具合、振り返りの5点を1ページにまとめて記入できます。フォーマットはシンプルで、必要な項目だけが並んでいます。空いているスペースにイラストを書き込んだり、デコレーションをしたりしながら楽しく続けられるので、勉強計画を立てるのが苦手な方にもおすすめです。サイズは6号（セミB5）と3号（A5）の2種類。お送りするのは一般的なノートと同じ大きさの6号（ミントグリーン、ライトピンク、グレーの3色から1冊）です。

今月号の問題

対戦ゲーム

A～Eの5人は試合前に抽選で組みあわせを決めて、右図のようなトーナメント形式で対戦ゲームをしました。

このトーナメントの結果について、A、B、Cの3人は以下のような発言をしています。

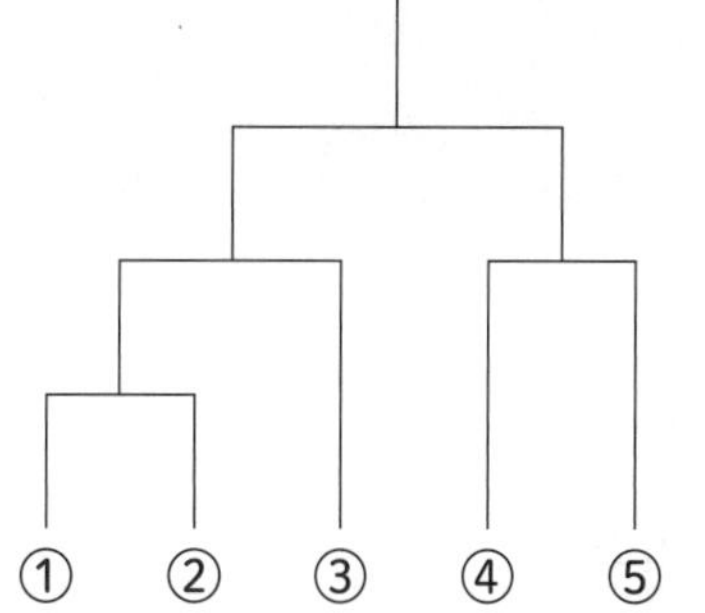

A 「私はDに勝ちました。」
B 「私はEに負けました。」
C 「私はEに勝ちました。」

このとき、このトーナメントについて正しく述べているのは、次の**ア**～**エ**のうちどれでしょうか？

ア　AとBは対戦した。
イ　AとCは対戦した。
ウ　BとDは対戦した。
エ　CとDは対戦した。

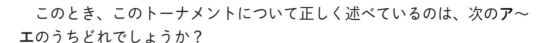

応募方法

下のQRコードまたは104ページからご応募ください。
◎正解者のなかから抽選で右の**「キャンパス スタディプランナー」**をプレゼントいたします。
◎当選者の発表は本誌2023年4月号誌上の予定です。
◎**応募締切日 2022年12月15日**

8月号パズル当選者（全応募者19名）

内片　健人さん（中3・東京都）
鈴木　將仁さん（中1・東京都）
岡田　冴織さん（中2・神奈川県）
杉本　和真さん（中1・埼玉県）
大澤　りんさん（中1・東京都）

夢が広がる高校選びの情報満載！

Success15

バックナンバー好評発売中！

2022年 10月号

知って得する模試と偏差値
模擬試験を活用して
合格への道を切りひらく

利用者の利便性を高めるために
これからも進化し続ける
交通系ICカード

Special School Selection
東京学芸大学附属高等学校

公立高校WATCHING
東京都立八王子東高等学校

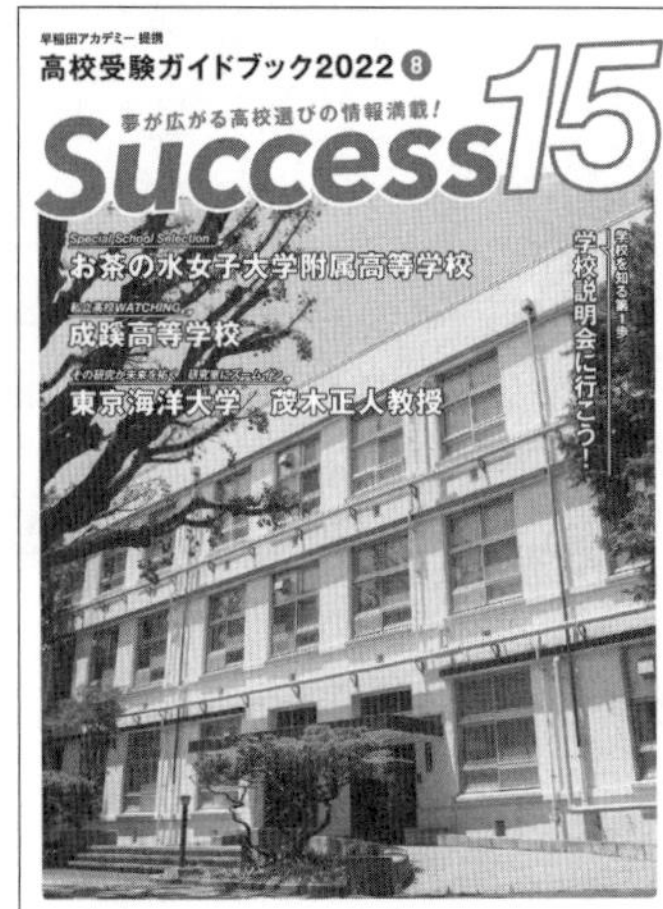

2022年 8月号

学校を知る第1歩
学校説明会に行こう！

Special School Selection
お茶の水女子大学附属高等学校

研究室にズームイン
東京海洋大学 茂木正人教授

私立高校WATCHING
成蹊高等学校

ワクワクドキドキ 熱中部活動
品川翔英高等学校

2022年 6月号

志望校探し
自分に合った高校を選ぶには

日々の暮らしを彩る
陶磁器の世界にご招待！

Special School Selection
東京都立国立高等学校

高校WATCHING
青山学院高等部
神奈川県立厚木高等学校

2022年 4月号

高校受験生のこの1年
どう過ごすかを考える

テクノロジーで大きく進歩
私たちの生活を支える「物流」

Special School Selection
筑波大学附属駒場高等学校

高校WATCHING
昭和学院秀英高等学校
埼玉県立川越女子高等学校

2022年 2月号

本番で実力を発揮できる
強さを作ろう

100分の1ミリで生み出す
「時計」の世界

Special School Selection
開成高等学校

私立高校WATCHING
中央大学附属高等学校

2021年 12月号

スピーキング重視時代
「withコロナ入試」再び
身近になったVR

Special School Selection
東京都立西高等学校

私立高校WATCHING
明治大学付属中野高等学校

2021年 10月号

まずは公立高校か私立高校か？

自動運転バスがかなえる
自由な移動

Special School Selection
早稲田大学本庄高等学院

公立高校WATCHING
東京都立立川高等学校

2021年 8月号

まず学校説明会に
参加しよう！

知られざる「緑化」の効果

Special School Selection
東京都立戸山高等学校

私立高校WATCHING
桐朋高等学校

2021年 6月号

挑戦のときがきた

時代に合わせて
変化する「辞書」

Special School Selection
慶應義塾志木高等学校

公立高校WATCHING
神奈川県立川和高等学校

2022年 夏・増刊号

中学生だからこそ知ってほしい
2025年から変わる大学入試

色の変化に注目
なぜなに科学実験室

**神奈川・埼玉の公立トップ校
高い大学合格実績をあげる
その教育に迫る**
神奈川県立横浜翠嵐高等学校
埼玉県立浦和高等学校

2022年 秋・増刊号

「変わる大学」に備えよう！
いよいよ見えた！大学新時代

**盛りだくさんの独自プログラムで
将来につながる力が身につく
私立4校の魅力とは!?**
市川高等学校
栄東高等学校
城北高等学校
桐朋高等学校

これより以前のバックナンバーはホームページでご覧いただけます（https://www.g-ap.com/）

バックナンバーはAmazonもしくは富士山マガジンサービスにてお求めください。

12月号

表紙：渋谷教育学園幕張高等学校

FROM EDITORS 編集室から

今回の「公立高校WATCHING」のコーナーでは、東京都立青山高等学校に取材へ伺いました。小澤校長先生のお話を通じて感じたのは、コロナ禍であってもへこたれず、めげずにコツコツ種をまき続ければ「芽吹き」のときはくるのだということです。未だ新型コロナウイルス感染症の影響は色濃く残っていますが、私もさらに前を向いて『サクセス15』とともに成長していこうと改めて思いました。受験生のみなさんも、本番当日に向けて、いまが正念場かもしれません。頑張りすぎて風邪などをひくことがないよう、体調管理には十分注意してくださいね。春にはきっと、1人ひとりに大きな花が咲くことを編集部一同祈っています。（T）

Next Issue 2月号

Special

「待ってろ入試!」
いまからでも作れる
強いメンタル

研究室にズームイン

Special School Selection

私立高校WATCHING

公立高校WATCHING

突撃スクールレポート

ワクワクドキドキ 熱中部活動

※特集内容および掲載校は変更されることがあります。

Information

『サクセス15』は全国の書店にてお買い求めいただけますが、万が一、書店店頭に見当たらない場合は、書店にてご注文いただくか、弊社販売部、もしくはホームページ（104ページ下記参照）よりご注文ください。送料弊社負担にてお送りします。定期購読をご希望いただく場合も、上記と同様の方法でご連絡ください。

Opinion, Impression & ETC

本誌をお読みになられてのご感想・ご意見・ご提言などがありましたら、104ページ下記のあて先より、ぜひ当編集室までお声をお寄せください。また、「こんな記事が読みたい」というご要望や、「こういうときはどうしたらいいの」といったご質問などもお待ちしております。今後の参考にさせていただきますので、よろしくお願いいたします。

サクセス編集室 お問い合わせ先

TEL : 03-5939-7928　FAX : 03-3253-5945

今後の発行予定

発行日	号
2023年1月18日	2023年2月号
2023年3月15日	2023年4月号
2023年5月17日	2023年6月号
2023年7月18日	2023年8月号
2023年8月15日	2023年夏・増刊号
2023年9月15日	2023年10月号

FAX送信用紙

※封書での郵送時にもコピーしてご使用ください。

101ページ「対戦ゲーム」の答え

氏名

学年

住所（〒　　　－　　　）

電話番号

（　　　　　）

現在、塾に

通っている　・　通っていない

通っている場合

塾名

（校舎名　　　　　　　　）

面白かった記事には○を、つまらなかった記事には×をそれぞれ３つずつ（　　）内にご記入ください。

（　）04 Special School Selection 渋谷教育学園幕張高等学校
（　）11 研究室にズームイン 東京大学先端科学技術研究センター 西成活裕教授
（　）20 公立高校WATCHING 東京都立青山高等学校
（　）24 ワクワクドキドキ　熱中部活動 玉川学園高等部　サンゴ研究部
（　）28 突撃スクールレポート 日本工業大学駒場高等学校
（　）30 いよいよ始まる 東京都中学校英語スピーキングテスト
（　）36 受験生のための明日へのトビラ
（　）38 スクペディア 錦城高等学校
（　）39 スクペディア 日本大学第二高等学校
（　）40 スクペディア 山手学院高等学校
（　）41 スクペディア 多摩大学目黒高等学校
（　）48 知って得するお役立ちアドバイス！
（　）52 レッツトライ！　入試問題
（　）56 帰国生が活躍する学校 東京学芸大学附属高等学校
（　）58 中学生の未来のために！ 大学入試ここがポイント
（　）60 東大入試突破への現代文の習慣
（　）64 早稲田アカデミー大学受験部 授業ライブ
（　）68 東大生リトの とリトめのない話
（　）70 キャンパスデイズ十人十色
（　）73 耳よりツブより情報とどきたて
（　）79 for 中学生 らくらくプログラミング
（　）80 マナビー先生の最先端科学ナビ
（　）82 なぜなに科学実験室
（　）86 中学生のための経済学
（　）88 淡路雅夫の中学生の味方になる子育て 楽しむ 伸びる 育つ
（　）89 ピックアップニュース！
（　）90 思わずだれかに話したくなる 名字の豆知識
（　）92 ミステリーハンターQの タイムスリップ歴史塾
（　）93 サクセス印のなるほどコラム
（　）94 中学生でもわかる 高校数学のススメ
（　）98 Success Book Review
（　）100 解いてすっきり パズルでひといき

FAX.03-3253-5945

FAX番号をお間違えのないようお確かめください

サクセス15の感想

高校受験ガイドブック2022 ⑫　Success15

発　行：2022年11月15日 初版第一刷発行
発行所：株式会社グローバル教育出版　〒101-0047 東京都千代田区内神田2-4-2 一広グローバルビル3F
TEL：03-3253-5944
FAX：03-3253-5945
HP：https://success.waseda-ac.net/
e-mail：success15@g-ap.com

郵便振替口座番号：00130-3-779535
編　集：サクセス編集室
編集協力：株式会社 早稲田アカデミー

【個人情報利用目的】ご記入いただいた個人情報は、プレゼントの発送およびアンケート調査の結果集計に利用させていただきます。